KB244377

예수님도 **한잔** 하시죠!

예수님도 한잔 하시죠!

초판 1쇄 펴낸 날 · 2001년 10월 18일 | 개정 1쇄 펴낸 날 · 2007년 1월 31일

지은이 · 이광우 | **펴낸이** · 김승태

편집장 · 김은주 | **편집** · 방현주, 이덕희, 최선혜 | **디자인** · 정혜정, 이훈혜, 이은희
영업 · 변미영, 장완철, 김성환 | **물류** · 조용환, 엄인휘 | **드림빌더스** · 고종원

등록번호 · 제2-1349호(1992. 3. 31.) | **펴낸 곳** · 예영커뮤니케이션
주소 · (110-616) 서울 광화문우체국 사서함 1661호 | **홈페이지** · www.jeyoung.com
출판사업부 · T. (02)766-8931 F. (02)766-8934 e-mail: jeyoungedit@chol.com
출판유통사업부 · T. (02)766-7912 F. (02)766-8934 e-mail: jeyoung@chol.com
제작 · 예영 B&P T. (02)2249-2507 F. (02)2249-2508 e-mail: yeyoungbnp@hanmail.net

copyright©2007, 이광우

ISBN 978-89-8350-229-2 (03230)

값 4,000원

예수님도 한잔하시죠!

이 광 우 목사

(전주열린문교회 담임 / 한국누가회 학원사역 간사)

머리글

재앙이 뉘게 있느뇨? 근심이 뉘게 있느뇨? 분쟁이 뉘게 있느뇨? 원망이 뉘게 있느뇨? 까닭 없는 창상이 뉘게 있느뇨? 붉은 눈이 뉘게 있느뇨? 술에 잠긴 자에게 있고 혼합한 술(폭탄주?)을 구하러 다니는 자에게 있느니라. 포도주는 붉고 잔에서 번쩍이며 순하게 내려가나니, 너는 그것을 보지도 말지어다.

이것이 마침내 뱀같이 물 것이요, 독사같이 쏠 것이며, 또 네 눈에는 괴이한 것이 보일 것이요, 네 마음은 망령된 것을 발할 것이며, 너는 바다 가운데 누운 자 같을 것이요, 돛대 위에 누운 자 같을 것이며, 네가 스스로 말하기를 사람이 나를 때려도 나는 아프지 아니하고, 나를 상하게 하여도 내게 감각이 없도다. 내가 언제나 깰까, 다시 술을 찾겠다 하리라.(잠언 23:29-35)

"이전에는 신앙이 하나님 중심이었다. 이전에는 무엇이든지 하나님께 영광이 되지 않는 것은 항상 악한 것이었다. 그러나 지금은 인간의 행복으로 이끌지 않는 것은 무엇이나 악하다. ……이전에는 사람이 하나님을 영화롭게 하기 위하여 살았으나, 지금은 하나님이 사람을 섬기고 있다." -- Joseph Haroutunian, *Piety versus Morality : The passing of New England Theology*, Harper and Sons, 1932, p. 145.

그런즉 너희가 먹든지 마시든지 무엇을 하든지 다 하나님의 영광을 위하여 하라. 유대인에게나 헬라인에게나 하나님의 교회에나 거치는 자가 되지 말고 나와 같이 모든 일에 모든 사람을 기쁘게 하여 나의 유익을 구치 아니하고 많은 사람의 유익을 구하여 저희로 구원을 얻게 하라(고린도전서 10:31-33)

목차

때로 목이 왔다갔다하는 술 문제[1]

한겨레신문(2000. 3. 10.)에, 러시아 출신 한국학자 박노자(본명 : 블라디미르 티호노프) 교수(경희대)가 "진보 꺼풀 들추어보면 전근대성 곰팡내 풀풀"이라는 제목으로 한국 대학사회를 비판한 글[2]이 요약되어 있었습니다. 그 글의 주제가 술 문제는 아니었지만, 그 글의 결론부분에

---

1) 필자가 의료선교단체인 한국누가회(Christian Medical Fellowship Korea)를 섬겨온 지 햇수로 어언 10년이 되었습니다. 그 동안 저는 한국누가회 전국학생수련회 때마다 전도집회팀(Evangelical Bible Study : 예수님을 전혀 모르는 학생들이나, 어떤 이유로든 신앙생활을 하다가 낙심한 의대생들에게 예수그리스도의 복음을 전하여 예수님을 영접하도록 돕는 전도 전문 프로그램)을 복음의 말씀으로 섬기는 은총을 누렸습니다. 천하보다 소중한 생명들을 섬기는 중에 새 생명의 탄생을 지켜보는 감격을 풍성하게 허락하신 주님께 마음 깊이 감사드립니다. 학생수련회 EBS 프로그램 안에 "질의 응답" 시간이 있습니다. 이 고정 프로그램은 현장에서 학생들의 질문을 받아 답하는 방식으로 수련회 주간 목요일 오후에 약 3-4시간 정도 진행되는데, 이 때 거의 매번 빠지지 않고 나오는 질문이 "술" 문제입니다. 기독교인으로서 술을 마셔도 되는지, 안 마셔야 한다면 과연 술을 즐기시는 영향력 있는 선배님들, 하늘같은 윗분들 앞에서 어떻게 지혜롭게 처신해야 하는지, 마셔도 된다면 어떻게 마셔야 하나님의 영광을 가리지 않는지 등등, 질문은 꼬리에 꼬리를 뭅니다. 최근, 한국누가회 안에 "밝은 의료사회를 위한 누가들의 모임"(밝누모)이 만들어지면서 한국누가회 홈페이지(http://www.kcmf.org)를 통해 의국 문화를 정화(복음화)시키기 위한 갖가지 실천적 대안들이 나오기 시작했습니다만, 좀 자세히 살펴보면 현재 '밝누모' 에서 다루고 있는 논제들 상당수가 "술"과 직 · 간접으로 연결되어 있음을 알 수 있습니다. 따라서 "술" 문제는 비단 '초보 신자들' 만의 문제가 아니라, '기성 신앙인들' 에게도 신앙고백의 본질과 관련하여 매우 심각한 것임을 짐작할 수 있습니다.

2) '연세대학원신문' 에 기고한 글. 원 제목 : "대학의 진보성 배후에 놓인 규율과 복속의 전근대성"

눈 여겨 보아야할 흥미로운 대목이 있어 글머리에 잠시 인용합니다.

"(한국의) 대학사회는 군대와 비교될 만큼 서열적이고 권위적이다. …… 중세의 도제제도와 비슷한 교수-학생 관계처럼, 학생간의 관계도 학번서열이 중시되는 전근대적인 복속관계다. …… 운동권에도 높은 학번이 낮은 학번을 의식화의 대상으로만 보는 등 철저한 서열화가 존재한다. …… 이 때문에 (학창시절의) '이념투사'가 재벌의 '충복'으로 변신하고, 승진을 위해 특별한 이념이 없는 직장상사를 열심히 모시는 기현상이 생긴다. …… 석·박사과정 학생들이 지도교수로부터 논문 대필을 요구받고 되레 고맙게(?) 받아들이는 것이나, 학생들이 '잘 나가는' 선배들에게 잘 보여 출세에 필요한 인맥을 기대하는 현상도 이런 전근대성 때문이다. …… 결국 진보적 전통의 한국 대학이 역설적으로 규율과 복속을 가르치는 사회적 장치로서 역할을 하고 있는 셈이며, 때문에 보수적 사회에서 오히려 진보적 대학 출신이 가장 적합하다는 이율배반적인 현상이 나타나게 된다. …… (결론적으로) 선배가 시키는 대로 '미국침략사'를 달달

외우기보다, 그 선배가 강권하는 술잔을 한번이라도 뿌리치는
게 진정한 의미에서 훨씬 진보적인 행동이다.”

문제를 제기하기 위해, 불신앙의 분위기가 팽배해 있는 직장에서,
신앙인답게 살기 위해 몸부림치는 어느 수련의(레지던트 지망생)의
글을 하나 더 소개합니다.

"답답한 심정을 가지고 함께 주의 군사된 여러 지체들과
나누고 싶어 이 글을 씁니다. …… 저는 지금 공보의 3년차로
내년(2,000년) 레지던트과정을 들어가기 위해 준비하고
있습니다. 의국 생활을 앞두고 한국누가회(밝누모)에서 벌이고
있는 의국(문화) 바꾸기에 관한 기사들을 잘 보았습니다. 많은
고민들에 대해 좋은 가이드라인을 보여주었다고 생각합니다.
올해 레지던트 지원 기간을 얼마 남겨놓지 않은 상황에서,
제가 지원한 과는 미리 인원을 정리하여 합격(fix)시켜주는
분위기입니다. 그래서 불필요한 경쟁과 에너지 소비를
없애겠다는 것이지요. 마침내 제가 지원한 과로부터 ‘fix가
되었다’ 는 연락이 왔고, 어제 과장님들에게 인사를 드리기

위해, 합격된 다른 지원자들과 함께 의국을 찾았습니다. 선배 의국원들과 함께 저녁식사를 하게되었고 자연히 술이 오고 갔습니다. 저는 하나님을 믿는 신앙으로 인해 술을 먹지 않음을 밝혔습니다.

제가 지원한 과는, 과 특성상 거의 1주일에 한번은 거나하게 술자리를 가집니다. 마셨다하면 새벽 3~4시까지 마시는 것이 보통입니다. 모두가 잔뜩 취하여 인사불성이 될 때까지 마십니다. 지금까지 의국원 중 술 먹기를 거부한 사람은 없었답니다.

그런데, 어제의 회식자리는 술을 마시지 않는 저 때문에 정말 엉망이 되어 버렸습니다. 아직 들어오지도 않은, 레지던트 1년차될 놈이 술자리를 거절하고 있으니 말입니다. 의국장은 사적인 일(신앙생활)을 가지고 공적인 일(의국생활)을 구분하지 못한다는 말을 내내 되풀이하였습니다. 그리고 그런 신앙적이고 영적인 추구를 하고 싶다면 그런 것을 수용할 수 있는 (다른) 과로 갈 것을 강요하였습니다. 지금까지의 과 전통으로는 그것을 수용할 수 없으며, 의국의 것을 수용할 마음이 없으면서 어떻게 의국이 자신을 받아들일 것을 바라느냐는 것이었습니다. 자신들은 의국의 모든 것을 받아들일 수 있고 충성(?)할 수 있는 사람을 원한다는 것이었습니다.

같이 갔던 동기생 의사들이 저 때문에 덩달아 고생을 하였습니다. 저의 일로 의국장을 비롯한 레지던트 3년차들의 목소리가 높아졌고, 결국 지원자 모두가 의국 밖으로 쫓겨나는 수모를 당하였습니다. …… 제가 가진 신념은 확고합니다. 하나님을 만나고 또 그 분을 받아들이기 위해 제가 얼마나 큰 대가를 치렀는지 모릅니다. 하나님께서 자신을 저에게 나타내시기 위해 하신 일들을 생각하면 제가 이런 문제로 하나님을 향한 내 마음을 함부로 꺾을 수 없다는 것을 강하게 느낍니다. 술이냐 하나님이냐 선택의 문제가 아니라, 저에게 있어서 분명 의국생활 역시 하나님을 향한 신앙의 일부일 수밖에 없기 때문입니다. 친절하게도(?) "눈 딱 감고 4년만 의국에 협조하면 되지 않느냐"고 충고해 주는 선배님도 있었습니다. 그러나 하나님을 만나보지 못한 그들이 어떻게 저를 이해할 수 있겠습니까?

진정 하나님께서 이것을 제게 원하시고 계신다는 것을

느낍니다. 하지만 삶 속에서 (하나님의 말씀을) 다 실천하기엔 제가 아직 너무 연약하고 힘이 없다는 것을 느낍니다. 그러나 하나님의 인도하심이란 참으로 놀라운 것을 보여주시기 때문에 그 분을 믿습니다.

만일 결과가 (끝내) 좋지 않더라도 제가 하나님을 찬양할 수 있는 믿음을 가지고 싶습니다. 모든 곳에서 주님의 나라가 온전히 이루어지기를 소망해 봅니다.

자신 있게 병원/과를 밝히지 못하는 제 마음을 이해해 주셨으면 합니다."

1999년 말, 한국누가회 인터넷 홈페이지 '자유게시판'에 올라왔던 글입니다(글쓴이가 받은 상처가 너무 커서인지 글의 호흡이 다소 거칠지만, 상황을 가능한 한 그대로 전하고 싶어서 거의 그대로 인용했습니다). 어렵고 힘든 의대생활을 마치고, 의사고시에 합격하고 또 다시 인턴시험을 치른 후 수련의로서 숨가쁜 1년을 보낸 끝에 인턴과정을 마친 다음, 공중보건의 생활을 마치고 전공을 찾아 레지던트 생활을 시작해야하는 인생의 중요한 길목에서, 별 것 아닌 것 같은 '술'이 성실한 그리스도인의 목줄을 짓누르고 있는 안타까운 상황을 보게 됩니다. 최고 지성인들이 모였다는 의사 사회가 이처럼 경직된 분위기라면, 우리 사회 전반의 뒤틀린 분위기를 짐작하는 일은 그리 어렵지 않을 것이라고 생각합니다.

그렇다면, 최고 지성인들의 사회에서까지도, 때로 이처럼 몰상식하고 무자비한 폭력을 행사하게 만드는 '술'이란 게 도대체 무엇인가? 기독교인들은 이 무법천지의 술판에서 〈어떻게〉 '자유와 평안'을 누리는 삶을 누리며 전도지향적인 삶(복의 근원이 되는 삶)을 살 수 있는가?

술의 역사는 인류의 역사만큼이나 유구하며, 술은 우리 생활 가장 가까이 깊숙한 곳에 자리잡고 있기 때문에, 기독교인들 가운데서도, 술 문제에 대해 비교적 관대한 입장을 가진 이가 있는 반면, 기독교인의 음주행위를 매우 경건치 못한 행위로 보는 이들도 있습니다. 문제는 양쪽 다 나름대로의 논리적 근거를 갖고 있다는 점이며, 이 상반되는 논리의 틈새에서 갈 바를 모르고 방황하는 기독교인들이 너무 많다는 데 있습니다. 그러므로 "술"문제에 대한 답변은, 복음으로 세상을 정복해야할 중대한 책임을 진 모든 그리스도인에게 그 무엇보다도 절실한 것으로 생각됩니다. 말하자면, 죄악세상의 어두움에 '술'이 끼어

들지 않는 영역이 거의 없기 때문에, 술 문제는, 단순히 〈알코올 성분이 구강으로 들어가서 몸 안의 효소와 상호 작용하는 생리학적 현상〉에 관한 하찮은 것이 아니라, 〈치열한 영적 전투의 현장에서 매우 심각한 상징성을 띤 문제〉임과 동시에, 〈신앙고백의 본질에 영향을 미치는 매우 중요한 문제〉인 것입니다. 따라서 이 문제에 올바로 대처하지 못할 경우, 성숙한 그리스도인으로서 열매 맺는 삶을 살기는 대단히 어려울 것입니다. 더더군다나, 하나님께서 세워주신 삶의 자리(가정/직장/학교)에서 예수님의 주권을 드러내고자하는 원대한 꿈(vision)을 품은 그리스도인들이, "음주"문제와 같은 (어찌 보면 사소한) 문제에 발목이 잡혀 늘 전전긍긍하는 상태로는 하나님께서 우리 앞에 주신 거룩한 꿈을 제대로 성취시키기는 어렵다는 판단 아래, 이 글을 쓰게 되었습니다.

성령 하나님의 도우심으로 이 글이, "음주"문제로 고민하는 사랑하는 동역자 여러분들을 신실하게 돕고 섬김은 물론, 한국사회의 정화를 위한 유일한 대안인 교회공동체, 곧 주님의 몸된 교회가 추구해야만 할 거룩한 사회변혁운동[금주(禁酒) 운동]의 작은 불꽃 하나를 새로이 지피는 작은 쏘시개가 될 수 있기를 바랍니다.

1. 한국기독교의 눈부신 전통 : 문화 변혁을 위한 전투능력
(금주운동의 역사적 배경)

'술' 문제에 좀더 객관적으로 접근하기 위해서는, 무엇보다도 먼저 〈한국교회 선교사(韓國敎會 宣敎史)〉에서 한국교회 '금주운동의 역사적 배경'을 간단하게라도 정리할 필요가 있습니다.

＊주 예수 그리스도의 복음을 전파하기 위해 목숨 걸고 이 땅에 오신 선교사님들은, 1880년대 말~1890년대 초, 복음사역의 효율성을 높이기 위해 선교지를 분할하여, 할당된 지역에서 각기 열심히 복음을 전하고 있었습니다.

＊1889년, 미국 북장로교 선교사들과 호주장로교 선교사 데이비스가 〈연합 공의회〉를 만들어 협력선교의 길을 모색하게 됩니다.

＊1890년 6월, 한국교회는, 중국 지푸 지방에서 선교하고 있던 존 네비우스 목사 부부를 초청하여 그의 선교전략에 대한 특강을 듣게됩니다. 《교회의 설립과 발전》이라는 책을 저술하기도 한 존 네비우스는 소위 〈네비우스 방법〉이라는 새로운 선교방법을 주창한 유능한 선교사였는데, 네비우스는 특강을 통해, 다음과 같은 〈네비우스

선교정책 4대 원칙)을 한국교회 앞에 제안했습니다.

① 한 사람이라도 그리스도께 인도하였으면, 끝까지 떠나지 말고 가르쳐서 그로 하여금 개인전도를 할 수 있도록 일꾼을 만들 것이며, 자기 직업에 종사하면서 이웃 사람들에게 그리스도를 전할 수 있게 한다.(자립선교)

② 교회를 치리하는 이치나 기관은 그 교회자체가 능히 감당하여 치리해 나갈 수 있는 범위를 제정하며 또 설치한다.(자치교회)

③교회가 발전하여 그 교회 자체로서 능히 교화사업을 감당할 인원이나 기구가 마련된 후에는, 전도사업하기에 자격이 있는 사람으로 하여금 그들의 이웃에게 복음을 전하도록 지휘한다. (자급교회)

④교회당은 그 지방 교인들 자신이 짓도록 하되, 건축경비는 원칙적으로 그들 교회 내에서 헌금하도록 한다(자립건축)

*1893년에 접어들어, 기존의 〈연합 공의회〉에 미국 남장로교 선교사들, 캐나다 장로교 선교사들 그리고 나머지 호주 장로교 선교사들이 가입하면서 〈장로교 선교부 공의회〉가 조직됩니다. 같은 해 1월 28일, 〈장로교 선교부 공의회〉에서는, 선교사역의 효과를 극대화하기 위해, 네비우스 선교전략을 기초로 다음과 같은 〈선교정책 10개항〉을 결의·발표하였습니다.

①먼저 노동자 계급을 상대로 전도하고 나중에 상류계급을 전도한다.

②부인을 상대로 한 전도와 여자 교인 훈련에 특히 힘쓴다. 이는 가정주부가 후손들의 양육에 중요한 영향을 끼치기 때문이다.

③ 기독교교육은 시골에 있는 많은 소학교를 경영함으로써 많은 효과를 볼 수 있다. 그러므로 교회에서 경영하는 학교의 청년들을 훈련시켜 교사로 내보내야 한다.

④ 교육받은 한국인이 교회에 이바지하는 봉사에 거는 희망도 같은 각도의 결과를 노린 것이니, 선교사들은 이 점을 늘 유의하고 있어야 한다.

⑤ 비록 유능한 전도사가 없다 하더라도 하나님의 말씀은 능히 사람을 회개시킬 권능이 있으므로, 성경을 번역하여 빨리 보급시키자.

⑥ 모든 기록 및 종교서적은 한문 식을 버리고 '순 한글 식으로' 한다.

⑦ 진취적인 교회는 자립하는 교회가 되어야 하며, 교인 각자가 더 많은 헌금을 하여, 의존하는 교인 수가 줄고 자립하는 교인이 늘게 해야 한다.

⑧ 조선인은, 같은 조선인이 그리스도께로 인도해야 한다. 그러므로 선교사들은 대중을 향해 전도하기보다, 유능한 조선인교역자 양성에 힘쓴다.

⑨ 〈의료봉사〉는, 환자들을 병원이나 환자의 가정에서 치료해 주는

것이 유효하다. 그렇게 하는 가운데 그들에게 복음을 전하고 깊은 인상을 줄 수 있기 때문이다. 진료소 사업은 비교적 유익이 된다.

⑩ 치료받을 기회를 놓친 〈시골환자〉는 직접 그 시골까지 찾아가서 치료해 줌으로써 그들에게 전도할 기회를 많게 한다. 따라서 아무리 보잘 것 없는 신분의 환자라도 가벼이 내어버리지 않는다.

보시다시피, 이 선교정책은, 오늘의 관점에서 볼 때도, 매우 구체적이고 창조적인 것이었습니다.

한국교회가 이 〈네비우스 선교방법〉을 채택하고, 이렇게 구체적인 선교전략을 따라 체계적으로 사역하게 되면서, 하나님의 은혜로 한국 내의 선교활동은 눈부신 도약을 이루게 되었습니다. 이 정책에 따라 교회 안에서 교육받은 신자들은 유능한 전도자로 변신하기 시작했습니다. 그들은 어디에 가서 누구를 만나든지 예수 그리스도의 복음을 힘써 전했고, 그 결과 회개하고 주님께 돌아오는 사람들이 점점 늘어나게 되었습니다.

그러나 이런 과정에서 심각한 문화충돌이 일어나기 시작합니다. 당시 이 땅의 고질병이었던,

① 제사(조상신 숭배)

②《주자가례(朱子家禮)》에서 나온 각종 허례허식

③ 뿌리 깊은 미신문화(점·무당)

④ 축첩제도(남존여비 사상)

⑤ 음주·흡연의 심각한 폐해 등,

이 땅의 초보 기독교인들이 극복해내기에는 너무 벅찬, 수백 년 내려온 전통적 폐습들이 복음의 앞길을 태산준령처럼 가로막고 있었습니다. 성경말씀(특히 십계명)을 가지고 이 추악한 폐습과 싸워나가는 과정에서 초기 전도자들은, 이런 폐습의 혜택을 오랜 세월 누려온 사대부계층(기득권층)의 강력한 저항과 핍박에 부딪히게 되었습니다. 왜냐하면 초대한국교회가 세운 선교전략들(선교정책 10개항)이 당시의 지배계층인 사대부계층의 기득권을 위협하는 듯한 내용을 많이 함축하고 있었고, 동시에, 이 책의 제 2 장, 제 3 장에서도 언급이 되겠지만, 한국교회가 기독교인의 표지로 채택한 금주 규례가 어떤 의미에서는 "제사"로 상징되는 조선사회의 유교적 가치체계에 정면으로 도전하는 양상을 띠게 되었기 때문입니다.

사농공상(士農工商)의 신분제가 고착되어 있던 봉건사회에서,

최고계급인 선비로 태어나 열심히 주자학을 익혀서 관직에 진출하면, 그 신분의 상징으로 정 부인 외에 소실을 여러 명 두고(축첩), 기생방 출입(혼외정사)을 선비의 풍류(風流)로 미화하면서 거의 무한대의 기득권을 누리고 있던 이들에게, 사랑과 (남녀/사농공상의) 평등, 공의와 섬김을 강조하는 기독교의 십자가 복음은 너무나 큰 거부감을 불러 일으켰던 것입니다.

때문에, 사대부를 중심한 기득권 층과 기독교인 사이에 '문화 충돌'을 넘어서 아예 '문화 대전(文化 大戰)'이 벌어지게 된 것입니다. 이 싸움에서, 당시 기득권 층에서는, 우상을 숭배하지 않으려고 제사를 지내지 않는 기독교인들을, "미풍양속을 해치고 조상과 부모를 반대하는 불충 불효자"로 매도했고, 그 과정에서 예수 믿고 집에서 쫓겨나는 사람들이 속출했습니다. 복음을 반대하는 당시 기득권 층인 사대부들은 형식주의적 유교에 중독된 철저한 국수주의자(國粹主義者)들이었기 때문입니다. 기독교 복음에 대한 이들의 저항이 얼마나 강력했는가는, 당시 학부대신(오늘날의 교육부장관)이었던 신기선(申箕善)이 고종황제에게 올린 상소문 가운데 한 대목을 보면 쉽게 알 수 있습니다.

"……머리 깎고 양복 입는 것은 야만이 되는 시초요, 국문(한글)을 쓰고 청국글(한자)을 폐하는 것은 옳지 않고, 외국 태양력을 쓰고, (중국)황제가 주신 정삭(正朔)을 폐하는 것은 도리가 아니요……국문을 쓰는 일은 사람을 변하여 짐승을 만드는 것이요……"

이렇듯 숱한 우여곡절과 처절한 고난 속에 힘겨운 세월이 가던 중, 네비우스 선교방법을 채택한 '한국선교사 공의회'에서는, 1906년부터, 보다 나은 교회지도자를 양성하는 일에 전념하기 위해 지방과 도시에 「사경회(査經會)」라는 교육기관(과정)을 설치하였습니다.

이 사경회는 대개 농한기인 정월이나 이월에, 15일~30일간씩 성경공부를 위주로, 치리법(治理法), 주일학교 경영법 및 교수법 등을 가르치고, 틈틈이 수강생들에게 토의시간을 주는 식으로 운영되었습니다. 오후 토의시간에는 다른 종교에 대하여 구세군의 사역방법 및 위생에 관한 문제들을 토의했고, 밤에는 교회사역에 대한 방법론과 교회지도자 문제, 외지·국내선교 문제, 기독교의 문화적인 활동 문제, 교육 문제 등에 관한 새로운 방법을 가르쳤습니다. 이런 '사경회'의 열매로 유능한 조선인 교회지도자들이 속속 배출되었고,

이렇게 세워진 조선인 전도자들은 불철주야 전도사역에 앞장섰습니다. 그 과정에서 하나님의 은혜로 '제사문제'나 '미신문제'는 아주 조금씩 정리돼 가고 있었지만, 그들 앞에는 여전히 어려운 장애물들이 산처럼 버티고 있었습니다. 그것은 바로 **술(음주)과 축첩문제**였습니다.

백성들은, 일년 내내 피땀 흘려 농사를 지어 놓고는 농한기인 겨울에는 집집마다 술을 담가 놓고 할 일 없이 그 술을 마시며 빈둥거리며 지내곤 했습니다. 그러면서 으슥한 골방에 모여 앉아 도박판을 벌이고 '술에 취해' 가산을 탕진하며 겨울을 보냅니다. 그런 과정에서 시시비비 끝에 여기저기서 참혹한 살인사건이 발생하기도 하고, 가산을 탕진하여 가정을 파탄으로 몰아가는 사람도 도처에 많았습니다. 술과 도박으로 인해 사람들의 삶은 끝간 데를 모를 정도로 황폐화 되어가고 있었습니다.

청빈(淸貧)과 절제(節制), 검약(儉約)과 봉사(奉仕) 생활을 강조하는 청교도신앙의 아름다운 뿌리를 갖고 이 땅에 온 초기선교사들은, 이 땅의 이 심각한 폐습을 직시하고, 처음부터 금주(禁酒)·금연(禁煙)하는 자세로 예수를 믿어야 한다고 가르쳤고, 그 결과 금주·금연이, 이 땅에서 예수 믿는 사람의 첫째 조건(표지)이 되었습니다. 말하자면, 음주·흡연으로 인하여 생기는 여러 가지 폐단을 생각할 때, 신자로서

는 〈당연히〉술 담배를 피하는 것이 복음의 영광을 드러내는 데 도움이
된다고 판단, 금연·금주를 신입교인의 결정적인 조건으로 설정하게 된
것입니다. 그러므로 한국 초대교회에서 예수를 믿기 위해서는 처음부터
술과 담배를 끊어야 했습니다. 그 결과,

① 우선은 신자 개개인이 금주 금연의 혜택(유익)을 크게 맛보게
  되었으며
② 그의 이웃(사회)이 또한 화목하고 평안하게 되었습니다.

또 하나의 거대한 장애물이었던 축첩제도(적서차별/남존여비
사상)와도 한국초대교회는 이런 자세로 〈목숨을 걸고〉 싸웠습니다. 그
결과, 오늘날처럼 여성의 권익이 신장되고 수많은 서자(庶子)들의
한(恨)이 차츰 사라지게 되었고, 이러한 악습들과 연관된 각종
허례허식이 차츰 사라져 어찌어찌 오늘에 이르게 되었습니다. 말하자면
한국초대교회는 심히 부패하고 타락한 이 땅의 썩은 문화를 변혁시키는
변혁의 주체로서 〈목숨 걸고〉 주님의 부르심에 온전히 응답했던,
〈전투력이 아주 강한 교회〉였던 것입니다. 그리고 그 강력했던 복음의
능력에 대한 생생한 증거의 하나로, 금주·금연이 오늘날까지

한국교회의 아름다운 표지로 남아 있는 것입니다.[3]

요컨대, 금주·금연이 오늘까지 한국교회의 아름다운 전통으로 자리잡게 된 데에는 우리가 함부로 지나칠 수 없는, 우리의 〈신앙고백〉에 매우 중요한 본질적 요소가 담겨 있음을 잊지 말아야 합니다.

첫째, 하나님의 형상을 지닌 모든 인간을 구원하는 기독교 복음의 본래적 성격(복음 자체의 범세계적 보편성),

둘째, 복음과 상황이 부딪히는 생생한 영적 전투의 현장에서, 하나님의 형상인 인간의 삶을 황폐화시키는 모든 문화(삶의 방식)를 변혁시켜 거기에 하나님의 거룩과 의(義)를 정착시켜야할 신앙인들의 현실적 책임(한국적 상황의 특수성과 이에 대한 기독교인들의 책임 있는 고백).

그러므로 이 글에서 다루게 될 기독교인의 음주(흡연) 문제 역시 이 두 가지 요소를 균형 있게 감안하는 선에서 그 해답을 찾아야만 할 것입니다.

---

3) 박 완, 《실록 한국기독교백년》 전 11 권, 성서교재사, 1985, vol. 1, pp. 307-320
세종문화사, 《간추린 한국교회사》 1991, pp.145-153 참조

2. '음주측정'의 상징적 의미

야간이나 휴일에 운전을 하다보면, 교통경찰들이 차선을 통제하면서 운전자의 음주여부를 확인하는 모습을 종종 보게 되는데, 저는 이 '음주측정'이야말로 '술'의 역기능에 대한 강력한 증거가 된다고 봅니다.

저는 지난 1999년 3월 26일밤 10시경, 심방을 가다가 신호를 위반하고 달려온 갤로퍼(대형)에 들이 받히는 큰 사고를 당했습니다. 나중에 국립과학수사연구소의 혈액분석결과 가해자는 음주운전을 한 것으로 판명되었습니다. 국과수의 분석 결과에 의하면, 가해자는, 그날 술을 그리 많이 마시지는 않은 것으로 나타났습니다.

그러나 가해자는, 비교적 적은 양의 술을 마셨음에도 불구하고, 그로 인해 양쪽 차량이 모두다 폐차되는 대형사고를 내고 말았습니다. 그 사고로 저는 사역에 막대한 지장을 받으며 약 2 개월여 동안 병원신세를 졌고, 꽤 긴 세월이 지난 지금도 그 후유증으로 집중력이 떨어져 일을 잘 못하고 있습니다. 만일 그날 제가 0.1-2초만 더 일찍 얻어맞았으면 아마 이 글을 쓸 수 없었을 것이고, 지난 40회 한국누가회 학생전국수련회(1999. 7. 26-31, 김천대학, 주제 : "일어나라! 함께 가자!" 본문 : 마가복음) 주강사 직임(성경 강해)도 감당하지 못했을

것입니다. 운전 자체를 범죄라고 말할 바보 엉터리는 없지만, 제가 당했던 교통사고에서 보듯, 음주운전은, 설령 그것이 사고로 연결되지 않는다 하더라도 본질상 심각한 '살인 모의'라고 말할 수 있습니다.

"음주측정"은, 술을 마신 상태에서는 우리 몸(정신과 육체)이 정상적으로 작동될 수 없다는, '극히 상식적인 전제'에서 행해지는 것입니다. 따라서 교통경찰의 음주측정행위 자체가, "술"의 부정적 기능을 극명하게 드러내는 하나의 가시적·상징적 증거가 될 수 있다고 생각합니다.

3. "내 술 한 잔 받게나"(한국의 음주문화)

지난 10년간 우리 나라 사람들의 알코올 중독 사망률이 약 6배로 증가했다는 통계가 나와 있습니다. 안타깝게도 음주와 상당한 관련이 있는 간암사망률 세계 제 1 위 국가가 우리 한국입니다. 뿐만 아니라 알코올로 인한 사회적 범죄도 계속 증가하는 추세입니다. 얼마 전 의정부경찰청에서 발표한 통계에 의하면, 대략 경범죄의 90%, 형사사건의 60%가 과음으로 인하여 발생한다 합니다. 서울시내 30개 경찰청 사건 기록 중 전체 폭행사건의 80%가 그 원인이 음주행위에 있었다는 또 다른 통계도 나와 있습니다. 여기서 우리는, 음주행위가 '신앙문제' 이전에 이미 심각한 '사회문제'가 되어 있다는 것을 알 수 있습니다. 이런 점에서, 음주 흡연으로 인한 폐해가 심각했던 한국기독교 초대교회의 상황은, 문화의 껍질만 달라졌을 뿐, 오늘날도 그 본질은 별로 달라지지 않았다고 볼 수 있습니다. 말하자면, 기독교인들이 '술'을 마시지 않아야 할 이유가 고스란히 남아 있는 것입니다.

한국인의 음주문화의 특징은 대개,

① 폭음

② 음주행위 강요

③ 비위생적인 술잔 돌리기

④ 퇴폐향락적 분위기

⑤ 2차 3차 술집 행(홍등가 출입, 음행)

등으로 요약됩니다. 무분별한 폭음으로 길거리에서 추한 토악질을
해대면서도 이른 바 필름이 끊겨 의식을 잃을 때까지 마셔야 술을
제대로 마신 것이라고 억지를 부리며, 이 마지막 술자리(full

course)까지 동행할 수 있는 사람이라야 진정한 공동체의 일원이라고 함부로 생각하는 두렵고도 몰상식한 편견이, 이 나라 술꾼들의 어지러운 술판을 지금도 지배하고 있습니다. 값비싼 양주로 색시집에서 술대접을 해야만 상대를 제대로 대접한 것이라는 웃지 못할 고정관념이 사업가(애주가)들 사이에 널리 퍼져 있습니다. 손윗사람이 이런 편견(고정관념)을 갖고 있을 경우, 가부장적 상하관계가 몹시 엄격한 한국사회(직장 문화)의 속성 때문에 손아랫사람들, 특히 술을 아예 마시지 못하거나 잘 하지 못하는 사람들은 직장에서 (특히 일과가 끝난 후) 하루가 멀다 않고 곤욕을 치르기 마련입니다. 여하튼 한국의 음주문화보다 더 비인간적이고 추악하고 저급한 문화는 드물지 않나 생각합니다. 도대체 이런 저질 문화의 뿌리는 어디에 있을까요?

역설적이지만 참으로 엉뚱하게도 이런 못된 관행은 한국인의 제사행위(조상신 숭배)에서 그 뿌리를 찾을 수 있습니다. 한국인의 제사는,

① 산신제, 기우제 등, 촌락공동체의 안전이나 생존을 보장하기 위한 초자연적인 존재와의 교류
② 종족공동체의 유대를 강화하기 위한 조상신과의 교류

로 크게 구별됩니다. 여하튼 어떤 제사를 드리든 일단 제사의식이 끝나면 제사음식과 술을 골고루 조금씩이나마 나눠먹는 '의식'(음복, 飮福)을 반드시 행하게 됩니다. 이 경우 '음복'에 참여하지 않는 사람은, 복(福)을 받지 못하며 공동체 일원으로서의 자격이 없다고 생각합니다. 말하자면 한국인에게 음주행위는, 그저 알코올 성분을 섭취하는 단순한 식사문화의 일부가 아닌, 신력(神力)이나 영력분배(靈力分配)의 신성한(?) 행위로서 공동체의식을 보장하는 불가피한 습속인 것입니다. 따라서 음복 때 마시는 "술"은, 신인융합(神人融合)과 공동체 구성원들의 정신적 신뢰를 결속시키는 제사의식의 일부로서 마시는 일종의 신주(神酒)였던 것입니다.[4] 요컨대 술 권하는 이 땅의 문화는 그 이면에 이처럼 심각한 〈종교적 이유〉가 자리잡고 있는 것입니다. 곧, 이 땅의 술 문제는, 종교사회학적인 각도에서도, 흔히 생각하는 것처럼 그 성격이 그리 단순하지 않다는 것입니다. 이런 사회·문화적 오랜 관행이 오늘날까지, 개인주의가 발달한 서구에 비해 공동체성을 중시하는 한국인의 음주문화의 뿌리가 되었습니다. 흔히, "내 술 한 잔 받게나"라는 제법 따스한 말과 함께 건네져 오는 손윗사람의 술잔이 갖는 무시 못할 무게(?)가, '예의범절'

---

4) 이규태,《한국인의 의식구조》(전4권), 신원문화사, 1983, vol. 3, p.139

을 중시하는 우리 문화의 가부장적 특성과 뒤엉키면서 이 땅에 엉망으로 뒤틀린 음주문화의 폐해를 지금껏 고착시켜 온 것이 사실입니다. '한국기독교 선교역사'를 요약하는 과정에서 이미 말씀드렸듯이, 한국개신교 선교 초기에 목숨 걸고 이 땅에 온 선교사님들은 놀랍게도 이 문제의 심각성을 직시하고, 목숨 걸고(?) 싸우면서 이 땅의 그리스도인들에게 "금주, 금연"을 기독교인의 표지로 제시했던 바, 그 아름다운 전통이 오늘에까지 이르고 있는 것입니다.

4. 의학 상식적 판단

저는 의학에 대해 잘 모릅니다만, 지금까지, 의료선교단체인 한국누가회의 여러 동역자(의사)들과 교제하면서 얻은 상식에 비추어 볼 때도 "술"을 마시는 일은 그리 바람직하지 않다는 결론을 내리게 되었습니다. 신앙고백을 떠나서, 일반상식 수준에서 볼 때 그렇다는 것입니다. 의과대학의 의학수업과정에서도 술은 긍정적 효능보다는 부작용이 훨씬 더 많은 것으로 교수되고 있는 것으로 알고 있습니다. 대부분의 질병의 결정적인 주범으로 '담배'와 '술'과 '비만'이 꼽힌다는 것도 그간 주워들은 풍월로 대충 알고 있습니다. 요컨대 거의 모든 병인(病因)의 90% 이상에 "술"이 손꼽히는 점은 누구도 부인 못할 분명한 사실입니다(그래서 의사들은 환자를 상담한 후 그에게 권고할 때 으레 '술'이나 담배를 끊으라고 말하는 것입니다).

술을 마시면 혈관이 확장되고 심장 박출량이 증가합니다. 따라서 죽상동맥경화증 때문에 심장에 다소 문제가 생길 가능성이 있는 사람에게(단, 다른 부위에 이상이 없을 경우에) 아주 적은 양의 알코올을 투입함으로써 심근경색증과 같은 심장질환을 예방하는 데 다소 도움을 받을 수도 있다고 합니다. 하지만 이런 경우는, 술이 '술'이라기보다는 '약(藥)'으로서의 성격이 더 강하기 때문에, 사도 바울 선생님이 디모데

목사님의 위장병을 염려하여 포도주를 조금씩 마셔보라고 권면한 상황(딤전 5:23)과 거의 유사한 것[5]으로서, 음주문화의 폐해를 논하는 범주에 포함시킬 수는 없는 내용입니다.[6]

술은, 중추신경을 억제하여 판단장애와 반응장애를 유발하기도 하며, 남성의 경우 발기저하 등 성(性)기능 장애를 초래하여 마침내 심각한 가정문제를 일으키기도 합니다. 정신과적으로는, 음주행위는 구강기(口腔期)적 습관의 잔재[7], 잠재적인 동성애[8]의 발로(發露), 의존적 성향의 증거 혹은 자기징벌욕구[9]의 상징으로 여겨지고 있습니다. 이 모든 징후들은 예수님의 복음이 지향하는 거룩한 삶의 방식과 "상식적으로도" 상당한 거리가 있는 징후들입니다.

어쨌거나 술이 건강에 별 도움이 되지 않는다는 것은 분명한 의학 상식적 결론입니다.[10]

---

5) 아울러 성경에서 종종 포도주를 긍정적으로 언급하는 듯한 구절들 역시, 그것이, '술'이라기보다는, 의학이 발달하지 못했던 고대세계의 가장 보편적인 '약'으로서의 '술'의 기능, 무더위가 심한 아열대 기후에서 '음료수'로서의 '술'의 기능을 전제한 것임을 감안하지 않으면 혼란에 빠지게 됩니다.

6) 이처럼 특수한 경우를 근거로 음주를 권장하거나 술 마시는 것을 당연시하는 분들은, 부분과 전체를 혼동하는 상황윤리를 지지하는 셈이 되므로 정말 주의하셔야 합니다.

7) 술잔을 만지고 핥는 행위와 엄마 젖을 빠는 어린아이의 본능적 몸짓과의 유비

8) 술친구와 동성애 상대자와의 유비

9) "내가 주는 술을 안 먹어? 이 술 먹고 너도 죽어봐라!" 혹은, "에잇! 나 같은 놈은 술이나 먹고 뒈져버려야 해!" 등과 같은 표현에 반영된, 적대감 혹은 죄의식 때문에 상대방이나 자신에 대해 가학적·자학적 성격을 띠는 일종의 벌주(罰酒).

10) 의료인들은 이런 교육을 받은 결과 국가로부터 의료인 "자격증"을 받으며, 그 자격증의 권위 때문에 환자들을 돌볼 권리와 의무를 행사하게 되는 것입니다. 말하자면 의료인들에게 있어서 음주문제는 의료인 개인(사생활)의 문제가 아니라, 환자들을 교육·지도해야할 중요한 책임(의무)항목의 하나(공생애적 소명)인 것입니다. 혹 살신성인(殺身成仁)의 자세로, 음주로 인해 망가진 자신의 몸을 음주의 결과를 생생히 보여주는 교보재로 환자들에게 제공할 갸룩한(?) 뜻이 있다면 모르거니와 그렇지 않다면, 자신은 모로 걸으면서 새끼들더러는 바로 걸을 것을 강요하는 어미 게의 시행착오를 지성인이라 자부하는 의료인들이 되풀이해서는 안 된다고 봅니다. 말하자면, 술이 해롭다는 것을 알기 때문에 환자들한테는 술을 마시지 말라고 가르치면서도, 자신은 그 술을 마시는 모순을 안고 사는 몰상식한(?) 의사가 되어서는 안 되는 것입니다. 복음으로 세상을 섬기며 죽어가는 생명을 살려내야만 하는 거룩한 소명을 받은 기독교인들의 입장 역시 의사들과 크게 다르지 않다고 생각합니다.

5. 장군과 이등병(니므롯의 왕국, 직장 / '나의 직장은 지성인들의 사회인가?')

창세기 10장(8절)에 노아의 아들 함의 장남 니므롯이 등장합니다. 그는 폭력으로 남을 짓밟기를 좋아하는 최초의 전제군주(영걸)로서, 유명한 바벨론 제국의 기초를 세운 사람이었습니다. 니므롯 이후, 인류의 역사에서 힘 좀 쓰는 전제군주가 나오면 "아, 니므롯 같다"는 속담이 생길 만큼 그는 힘있는 사람이었으나, 성경은 그가 그 힘을 가지고 이 땅에 사랑과 섬김을 증진시켰다는 아름다운 내용을 단 한 줄도 소개하지 않고 있습니다. 그는 고대사회의 수퍼스타(Super Star)였습니다. 그러나 그는 그 막강한 힘으로 그저 남을 짓밟는 삶을 살며 그럴 듯한 대제국의 기초를 놓았지만, 그럼에도 불구하고 그의 삶은 하나님 보시기에 별 의미가 없었습니다. 가끔씩, 우리들의 직장사회가 니므롯의 왕국이 아닌가 하는 두려운 생각이 들 때가 있습니다(물론 이것이 저 혼자만의 오해와 착각이기를 간절히 바랍니다).

저는 훈련이 혹독하고 군기가 세기로 이름난 공수특전단에서 장교로 군복무를 하였습니다. 공수특전단의 구호는,

"밤을 낮처럼, 산악을 평지처럼",

"안되면 되게 하라(Nothing is impossible)"

입니다. 상관이 명령하면 이유 불문하고 그 일을 목숨 걸고 해내야만
특전요원 자격이 있습니다. 그런데 놀랍게도 그토록 군기가 엄한
공수특전단에서도 말단 사병들은 장성(General)을 그다지 겁내지 않는
모습을 보았습니다. 이등병에게는 한 계급 위의 일등병이 장군님보다
훨씬 더 무서운 존재로 여겨지며, 일등병에게는 자기보다 딱 한 계급 더
높은 상병이 장군님보다 훨씬 더 무서운 존재로 인식되는 것을
보았습니다. 어떤 땐, 직장에서의 선후배관계가 장군님과 일등병,

일등병과 이등병의 관계와 비슷하다는 생각을 가끔 합니다. 어떤 상황에서 어떤 후배(부하직원)에게는 일등병 격인 선배의 말 한 마디가 장군 격(우리 생명의 주인이시요 우주의 왕이신 예수님을 이렇게 이유해서 대단히 죄송하지만 이야기의 편의상 잠시 실례를 하게 되었습니다. 구주 예수님을 어찌 일개 장군에 견주겠습니까?)인 예수님의 명령 (성경말씀)보다 훨씬 더 큰 영향력을 행사하는 것을 종종 보았습니다. 고참 일등병이나 상병의 인사권도 장군님이 갖고 있다는 것을 잘 느끼지 못하는 이등병처럼, 아예 한 술 더 떠서 참으로 비겁한 삶을 "자발적으로" 사는 '직장의 이등병들'도 적지 않은 듯합니다.

분초를 다투어 신속히 일을 처리하지 않으면 생명이 위험하거나 사업이 망할 수도 있는 급박한 상황에서 선배님의 명령이 즉시 즉시 시행되지 않으면 안 되는 직장의 특수성, 때론 전문지식(기술)이 도제형식으로 전수될 수밖에 없는 부득이한 현실적 여건 때문에, 직장에 공수특전단 이상의 상명하복(上命下服)의 체계가 필요할 때도 더러 있다는 것을 모르는 바 아닙니다. 문제는, 회사의 사활이 걸린 것과 같은 절박한 이유가 없는 일반적인 삶의 영역(예컨대, 회식 시 술 마시는 문제)에서조차 이런 인간관계의 도식이 고스란히 강제로 적용되고 있다는 데 있습니다. 더 한심한 것은, 거룩한 하늘백성들의 모임인 신앙공동체 안에서조차 이런 세속적 계급구조가 그 위세를 떨치는 경우가 종종 있다는 것입니다(부디 오해 마십시오. 후배가 선배들과 대충 맞먹어도 된다는 얘기가 아닙니다. 하늘같은 선배님께 함부로 대드는 싹수없는 후배가 있다면 그는 '신앙인'은 커녕 이미 '인간'도 아니기 때문입니다).

사회학자 이상우 교수(서강대)는 질서를 "획일성"이 아닌 "예측 가능성"으로 규정했습니다. 열심히 성실하게 공부하고 일하면 얼마쯤 후엔 어떤 열매를 거둘 수 있을 것이라는 것을 예측할 수 있고 그 예측이 어느 정도 맞아들어 가는 사회가 질서 있는 사회라는 것이지요. 열심히 성실하게 공부하고 봉사하기보다는 열심히 일등병 선배의 술자리 시중을 들어야 장차 뭔가를 얻을 수 있는 사회(직장)라면, 그 것은, 이등병 후배가 일등병 선배의 술잔을 거부하는 괘씸한 질서문란행위(?) 때문에서가 아니라, 이미 그 자체로서 형편없이 무질서한 저질집단인 것입니다. 따라서 모든 사람이 똑 같이 술을 마셔야만 공동체의 질서가 유지된다고 생각한다면 그것은 '질서'와 '획일성'을 혼동한 것입니다. 음주 문제를 다루면서 지금 우리가 인정해야할 한 가지 분명한 사실이 있다면 그것은, '흡연권' 만큼 '혐연권'도 인정돼야 하는 것과 마찬가지로, '음주권'이 있다면

'음주거부권'도 누구에게나 있다는 것을 "솔직하고 정직하게" 인정해야 한다는 것입니다. 여기서 "솔직하고 정직하게"라는 표현을 쓴 것은, 음주를 거부하거나, 어떤 불가피한 사정으로 술 마시는 모임에 참여하지 않는 사람들에 대해 〈괘씸죄〉를 덮어씌워 너무 저급하게 고통을 주며 인권(?)을 유린하는 몰상식한 반(反)지성적 행위가 더 이상 계속되어서는 안 된다는 것을 말하기 위해서입니다. 만일 이런 관행이 계속된다면 우리들의 직장은 더 이상 지성인의 사회가 아니므로, 그 직장인들은 결코 지성인이라 자부하며 어깨에 힘을 주어서는 안 됩니다. '획일성'을 '질서'로 착각하는 흐름은, 서글픈 군사문화의 후유증입니다. 만일 그래도 이런 흐름을 고치고 싶지 않으신 분들은, 차라리 회사의 제복을 벗어버리고 서둘러 '검은 베레모'와 '얼룩무늬 군복'을 걸치고 공수특전단에 자원 입대하십시오. 차라리 그게 정직하지 않겠습니까?

사사시대 뺨치게 혼란스러운 이 땅의 직장사회에 장군님(예수님)의 눈치를 진지하게 살피는 지성적인 일등병(선배), 당당하고 성실한 이등병(후배)들이 많아지기를 바랍니다. "가이사의 것은 가이사에게 하나님의 것은 하나님께 바치라"(막 12:17)는 장군님(예수님)의 명령을 진지하게 받는 사람들이 많아지기를 또한 간절히 바랍니다.

6. 애주가들의 주장에 대한 변론

제 나름대로 지금까지 파악한 바, 음주론자들이 술을 마시는 이유는
대략 다음과 같습니다.

* 술 취함으로써 스트레스를 해소할 수 있다.[11]

* 술 없으면 낭만도 없다.

* 함께 술을 마셔야 가슴을 털어놓을 수 있다. 따라서 정말 진지한
  이야기를 하려면 술을 곁들여야 한다.

* 술을 마시지 않는 사람들과는 이야기가 안 통한다(술을 마시는
  사람들이 사회성이 좋다).

* 술자리는 공동체의 "질서"를 확립하는 데 도움이 된다.

* 술은 공동체성을 확인하는 데 크게 기여한다.

* 사회에서 낙오하지 않으려면 술을 잘 마셔야 한다.

* 술을 마시지 않고는 참된 인간관계를 맺기가 어렵다.

___

11) 의사들 세계에서는, 수술을 많이 하는 외과의국 같은 경우, 피비린내를 제거하기
위해(수술 과정에서 받은 스트레스를 풀기 위해) 술을 마실 필요가 있다는 얘기도 나돌고
있습니다만, 반드시 그렇지는 않습니다. 몇몇 외과 수련의와 전문의 선생님들에게 문의한
결과 이런 주장은 허망한 낭설에 불과하다는 결론을 내리게 되었습니다. 예컨대
전주예수병원의 외과 의국 선생님들의 경우에는 수술 후나 회식 때 청량음료(콜라)를
마시는 관행이 이미 정착된 것으로 알고 있습니다.

* 과음하지만 않는다면 한두 잔 정도는 건강에도 좋다.

* 어떤 경우에는 질병 예방효과도 있다.

* 간접세를 많이 내므로 술 많이 마시는 사람이 애국자다.

* 취하여 주정을 하지만 않는다면 문제될 것이 없다.

* 집에서 혼자 조용히 마시는 술은 문제삼을 필요가 없다.

* 자기 돈 가지고 자기가 술 마시는 데, 함부로 참견해서는 안 된다.

* 술은 어디까지나 기호식품이므로 술 마시는 것을 상관해서는 안
  된다.

* 그러므로 술 문제를 가지고 왈가왈부하는 사람들은 앞뒤가 꽉 막힌
  '근본주의자들' 이다.

* 성경에도 술을 마셔서는 안 된다고 말하는 구절이 별로 없다.

* "술 취하지 말라"(엡 5:18)고 했으니 취하지만 않게 적당히 마시면
  괜찮다.

* 한국교회에서만 술이 문제가 된다. 선교 1세기가 지난 지금은 좀
  자유로워질 필요도 있지 않을까?

* 근본주의적 시각에서 기독교인들에게 술을 마시지 못하게
  함으로써, 하찮은 술 문제로 신자들을 고립시키며 부질없는
  죄의식으로 갈등하게 만드는 것은 소자를 실족시키는 또 다른
  범죄다(막 9:32)……

[반론]

이제 애주가들의 이런 주장들을 하나씩 검토해 보도록 하겠습니다.

♣ 술 취함으로써 스트레스를 해소할 수 있다?

—그저 일시적인 현상이거나 단지 그렇게 느낄 뿐, 술 마심으로써

오히려 스트레스가 더 쌓이는 것 아닌가요?

스트레스를 해소할 수만 있다면 '마약'을 해도 괜찮습니까?

♣ 술 없으면 낭만도 없다?

―혹 향락과 낭만을 혼동하는 것 아닌가요? 낭만이 술에 좌우된다면 이미 그것은 참다운 낭만이 될 수 없습니다. 낭만은 '현실과의 거리'가 있을 때 느낄 수 있는 것입니다. 술을 빙자한 퇴폐적 낭만은, 엄밀히 말해 낭만이라기보다는 '현실도피'에 더 가까운 것입니다. 현실과의 거리감이 낭만을 낳는 것이므로, 참된 낭만은 술에 종속되지 않습니다. 그러기에 술을 마시지 않고도 낭만적인 삶을 꾸리는 사람들이 많은 것입니다. '술 마시는 장소의 야릇한 분위기'를 '술'의 기능으로 착각할 경우, 이런 부질없는 말을 할 수 있습니다.

♣ 함께 술을 마셔야 가슴을 털어놓을 수 있다. 따라서 정말 진지한 이야기를 하려면 술을 곁들여야 한다?

―맑은 정신으로는 내놓거나 행동에 옮길 수 없는 이상한 생각이 마음속에 있지 않고서야 어떻게 술을 마시고 몽롱한 상태에서 상대방의 진실을 확인할 수 있겠습니까? 맑은 정신으로도 쉽게 파악하기 어려운

게 사람의 마음이고, 그래서 내 마음 나도 모를 때가 정말 많은데……

♣ 술을 마시지 않는 사람들과는 이야기가 안 통한다(술을 마시는 사람들이 사회성이 좋다)?

　―이야기가 안 통하는 것은 당연합니다. 맨 정신으로 이야기하기를 좋아하는 사람과 의식이 몽롱한 상태에서 이야기하기 좋아하는 사람이 말이 잘 통할 리는 없을 것입니다. 애주가 여러분, '내 탓'을 '남 탓'으로 돌리는 몰염치를 인식하지 못하고 적반하장(賊反荷杖) 격으로 계속 '술 안 마시는 사람'을 함부로 공박하려는 그릇된 태도를 고치셔야 합니다. 그나저나, 여기서 말하는 '사회성'이라는 것이 혹 '아부근성'이나 '기회주의적 기질' 혹은 '노련한 처세기술'을 가리키는 것은 아닐까요?

♣ 술자리는 공동체의 "질서"를 확립하는 데 도움이 된다?

　― 대개의 회식자리가 공동체 구성원의 단합을 도모하기 위한 것임을 저도 인정합니다. 사람 사는 세상에 그런 모임이 없어서야 어디 사는 맛이 나겠습니까? 그런 모임은 많을수록 좋다고 생각합니다. 문제는 모임의 분위기입니다. 말이 나온 김에 솔직히 따져 봅시다. 모두다

즐거워야할 회식자리에서 누군가가 술 마시는 문제로 옥신각신하는 것이 과연 공동체의 단합에 도움이 되는지, 술을 마시지 못하거나, 어떤 사정으로 마실 수 없거나, 마시고 싶지 않은 사람들을 힘으로 굴복시켜서 술을 마시게 하는 행위가 과연 공동체의 결속을 진정으로 강화시키는 일인지를 묻고 싶습니다. 술 마시는 문제로 시비가 붙었다면, 그것은, 이미 그 술자리를 불편해 하는 누군가가 참석했다는 것을 뜻합니다. 별로 달갑지 않은 자리임에도 그 자리에 참석해 있다면, 그는 이미 그 공동체의 단합을 중시하는 사람이므로, 음주 여부를 떠나서 그 사람은 격려나 칭찬을 받아야지 비난을 받아서는 안 됩니다. 상대방의 불편한 입장이나 마음은 안중에도 없이 굳이 상대가 들어주기 어려운 조건(음주 강요)을 내세워 그를 곤경에 처하게 하는 비인간적인 행위가 어떻게 공동체의 결속에 보탬이 되는 것인지 애주가들은 진지하게 생각해 봐야만 합니다. 혹 손윗 분(선배님)이 건네주는 술잔을 거부하는 행위를 선배의 권위에 대한 도전으로 생각하는 우스운(?) 선배가 있다면 그는 형편없는 졸장부입니다. 양식 있고 생각 있는 선배라면, 술 못 마시는 후배가 그 어려운 자리에 와 있을 경우, 선배가 먼저 그를 배려하여 그가 마실 수 있는 음료수를 주문해주어야 하고[12] 적어도 상대의 인격과 입장을 진정으로 존중한다면 아무리 후배라도 그 후배가 어려워할 요소를 스스로 알아서 제거해 주는 것이 선배다운 처신이 아닐는지요. 오죽 못난 사람이 술좌석에서 후배에게 강제로 먹기 싫은 술을 먹이는 것으로 선배의 권위를 행사하려 들겠습니까? 그런 정도의 선배라면 선배라고 할 필요도 없을 것이므로 단호히 그 술잔을 거부해야 합니다. 정히나 권하면 그 선배님 앞에 머리를 숙이고 이렇게 말할 필요가 있습니다.

"저는 예수 믿는 사람입니다. 제 의식이 살아 있는 한 제 입으로는 그 술을 먹지 못합니다. 차라리 제 머리에 부으십시오. 선배님을 존중하는 마음으로 감사히 받겠습니다."

이쯤 되면 아마 여간 강심장이 아니고는 그 술을 머리에 붓지는 못할 것이며, 설사 붓는다 하더라도 그런 일은 아마 그 날 한 번으로 끝나게 될 것입니다. 그 일로 불이익을 당할 것이라고요? 그래봤자 그 술좌석의 상황을 익히 알고 있는 여러 사람들 앞에 그 선배 자신의 옹졸함을 만천하에 공개하는 일밖에 더 되겠습니까? 생활이 고달플 것이라고요?

---

12) 솔직히 술 안 먹는 사람들도 회비는 똑같이 냅니다. 그들은 '회비' 를 내는 것이지, 술꾼들의 '술값' 을 내주는 것은 결코 아닐 것입니다.

아마 그럴 것입니다. 그러나 그 고달픔이 얼마나 큰 은혜인지 어느 전공의사 선생님의 이야기를 소개할 테니 한번 들어보십시오.

○○대학교병원 ○○과에서 수련을 하고 얼마 전 전문의가 되어 나가신 ㄱ선생님은 레지던트 3년차 시절에도 과장님에게 소위 '미운 털'이 박혀 다른 사람보다 일을 2-3배 더하고 환자를 더 많이 봐야했습니다. 실력이 없어서도 아니고 성실하지 못해서도 아니었습니다. 다만 이 분만은 회식자리에서 끝까지 술을 마시지 않고 수련의과정을 마쳤는데, 하늘같은 과장님이 주는 술을 마시지 않는다는 단 한 가지 이유로, 밤이면 과장이 술 마시는 수련의들(그 중에는 나이롱 기독교인들도 여러 명 있었습니다)을 데리고 회식하러 가고, 제법 고참인 레지던트 3년차인 ㄱ선생님에게 야간당직을 거의 전담시키다시피 했습니다. 그래도 그 분은 불평하지 않고 맡겨진 일에 묵묵히 최선을 다했습니다. 엄청난 불이익을 당하는 과정에서 그 분은 상대적으로 그만큼 더 많은 환자를 돌볼 기회를 잡게 되었고 그 만큼 의술이 더 빨리 늘었다고 훗날 고백했습니다. 젊어 고생은 사서도 한다는데 그런 은혜는 아무나 받는 것이 아니라고 생각하며 즐겁게 일했다 합니다. 그렇습니다. 제 생각에도 이렇게 단호하게 처신하는

후배를 제 아무리 하늘같은 과장이라도 계속 함부로 다루지는 못할 것 같습니다. 적어도 직장사회가 명령에 죽고 사는 공수부대(특수임무를 수행하는 군대)가 아닌 진짜 지성인의 사회라면……

그러므로, 아무리 하늘같은 직장상사(선배님)의 권유라도 술을 단호히 거부하십시오. 예의상 "한 잔"을 받고 나면 그 예절을 가상히 여겨 다시는 술을 권하지 않는 "양심적이고 이해심 많은 (선배)술꾼"은 없기 때문입니다. 한 잔 받고 나면 또 다른 술꾼 선배가 술을 권하며 이렇게 말할 것입니다.

"야, 내 잔은 잔이 아니냐? 무슨 이유로 내 술은 안 먹어? 이거
왜 이래. 사람 차별하는 거야 뭐야, 엉?"

이렇게 해서 한 잔이 두 잔 되고…… 일차 끝나면, 이차 단란주점, 삼차 색싯집…… 회식이 그날 하루만 있는 것은 아니므로, 회식 때마다 정말 거북스런 술을 받아 마시고 끊임없이 쓰려오는 신앙인의 양심으로 긴 세월을 하염없이 고통스러워하느니, 아무리 직장상사(선배)의 묵직한 잔이라도 그 **"첫 잔"을 단호하게 거절해야** 합니다. 그리고 나서, 피차간 맨 정신일 때 최선을 다해 상관을 존중하고 권위를 존중하는

자세로 신실한 관계를 맺으십시오. 그 일로 상관이 어떻게 힘들게 하든 언제나 웃는 얼굴로 최선을 다해 그 못난 선배님을 "섬겨" 주십시오. 그는, 알량한 "선배의 권세" 외에는 자랑할 것이 전혀 없는 불쌍한 사람이니까요. 내 안에는 예수님의 자랑스런 생명이 있으니까요.

부득불 제 경험을 좀 말씀드리겠습니다. 제가 1979년 6월에 군대를 제대하고 처음 취직을 했을 때, 직장에 첫 출근한 다음 날 밤 저를 환영하는 회식이 있었습니다. 그날 회식자리에서 제 옆에 앉아 있던 직장선배님(그 분은 전공은 달랐어도 제가 졸업한 대학의 10년 선배님이기도 했습니다)께서 저에게 자꾸만 술을 권했습니다. (나중에 근무하면서 알게된 사실인데, 그 분은 저희 직장에서 가장 구변이 좋고, 그래서 영향력 또한 가장 크신 분이었습니다. 속된 말로 그 분 눈 밖에 나면 직장생활이 몹시 고달프다는 겁니다. 기가 막힌 일이지만 그 선배님은 당시 ○○교회의 집사님이시기도 했습니다.) 어쨌거나 저는 그 분이 권하는 술을 거부했습니다. 술을 마시지 않는 이유를 정중히 말씀드렸습니다. 몸에 잘 받지도 않고 신앙인으로서 마시고 싶지 않으니 이해해 주시라고, 정 주시고 싶으시면 음료수나 한 잔 주시라고…… 그러나 얼굴빛을 점차 험악하게 바꾸시던 그 선배님은,

나중에는 자기 자존심을 저에게 술 먹이는 일에 거는 듯이 차츰 큰 소리로 저를 윽박지르기 시작했습니다. 좌중의 분위기의 무게를 활용하려하시는 거였지요. 그 바람에 좌중의 분위기가 갑자기 싸늘해졌고,

'과연 어찌될 것인가?'

좌중의 많은 분들이 촉각을 곤두세우고 사태의 추이를 예의 주시하는 분위기가 역력했습니다.

"나도 교회 다니지만 술은 마시네. 나도 집사라고. 근데 왜 선배의 말을 듣지 않는가?"

거세게 몰아 부치는 선배님께 저도 정중하게 맞섰습니다.

"아무리 선배님 말씀이라도 지나치게 부당한 말씀까지 제가 들을 의무는 없습니다. 신입사원을 환영하는 것이 겨우 이런 것입니까?"

"내 말 안 들으면 앞으로 정말 좋지 못해! 어서 마셔!"

나중엔 사뭇 협박 조였습니다.

"그 술, 꼭이 제게 주셔야 선배님 속이 풀리신다면 제 머리에 그 술을 부으십시오. 감사히 받겠습니다."

사태가 이 지경에 이르면서 당황한 다른 직원들과 직장장의 황급한 만류로 흐지부지, 결국 저는 그 술잔을 받지 않았습니다. 이후로 직장생활을 하면서 바로 그 일 때문에 한동안 많이 긴장되었습니다만, 그렇기 때문에, 저 때문에 예수님 이름이 욕되지 않게 하려고 매사에 최선을 다했습니다. 그 후로 어느 누구도 회식자리에서 제게 술을 권하는 분은 없었고 다들 미리 알아서 제겐 음료수를 권해주었습니다. 술을 안 마시고도 술꾼 동료들과의 아기자기한 회식문화를 무난히 누리며 선한 관계를 풍성하게 맺을 수 있었습니다. 그렇게 얼마쯤 시간이 흐른 후에는 그 선배님과 저는 다른 어느 직원들보다도 더 친밀한 관계로 서로를 신뢰하고 사랑할 수 있게 되었고, 정말 중요한 일에는 그 선배님뿐만 아니라 다른 모든 직원들도 저에게 일을 맡겨

주셨습니다. 덕분에 자주 일복이 터졌지만, 주님의 이름을 더럽히지 않았다는 생각에 별로 피곤하진 않았습니다. 제 경험에 입각하여 분명히 말씀 드립니다. 사랑하는 동역자 여러분, 술 문제와 같은 하찮은 문제, 그러나 사실은 매우 중요한 문제에서 힘없이 밀리는 정도의 제자도(영성)로는 "절대로"('절대로' 라는 말을 함부로 써서는 안 되는데 여기서는 쓰고 싶습니다) 그들을 그리스도께로 인도하지 못합니다.

＊ 술은 공동체성을 확인하는 데 크게 기여한다?

  ─예컨대, 청춘남녀가 사랑을 확인하기 위해서 혼전 성 관계를 해야만 한다는 주장[13]과 어떤 차이가 있나요? 그가 공동체의 일원인지를 확인하는 방법이 회식자리에 나와서 함께 술을 마셔보는 길 밖에 없는 수준의 모임이라면 차라리 그 공동체의 멤버가 안 되는 것이 더 낫지요. 진정한 동역자의식(partnership)은 술 취하지 않은 맨 정신 맑은 머리일 때 보다 또렷하게 확인되는 것이 아닐까요?

---

13) 문화적 상대주의에 세뇌된 요즘 신세대들에게는 '혼전 성 관계' 가 전혀 문제될 것이 없는 것으로 생각될지도 모릅니다만, '성 관계' 는 결혼이라는 울타리 안에서만 허용된다는 것이 성경의 '절대적인' 가르침입니다. 썩어문 드러진 이 땅의 '성 개방 풍조' 역시 이 땅의 기독교인들이 목숨 걸고 싸워야할 문제가 아닐까요?

* 사회에서 낙오하지 않으려면 술을 잘 마셔야 한다?

―기회주의자들의 궤변에 불과하지요. 혹 이 말이 사실처럼 느껴지신다면, 고민하지 마시고 열심히 술을 마시십시오. 그래서 그 말의 진위를 한번 스스로 확인해 보십시오. 어느 쪽이 낙오하는 길인지. 아마 그것을 확인하는 데 그리 오랜 시간이 필요하지는 않을 것입니다.

* 술을 마시지 않고는 참된 인간관계를 맺기가 어렵다?

―그럴 수도 있겠지요. 그러나 그런 식으로 '술 취한 인간관계' 가 술 깬 후에도 지속될 수 있을까요? 설령 술을 함께 마심으로써 '참된 인간관계' 가 맺어진다손 치더라도, 그 인간관계를 계속 유지시키기 위해서는 계속해서 술을 함께 마시지 않으면 안될 것입니다.

* 과음하지만 않는다면 한두 잔 정도는 건강에도 좋다?

―'과음' 의 기준이 상대적으로 매우 모호한 상태에서 이런 말을 함부로 할 수는 없습니다.

* 어떤 경우(심장병)에는 질병 예방효과도 있다?

―맞습니다. 그러나 이런 경우는 극히 특수한 경우이고, 또 이 경우

술은 이미 '술'이 아니라 '약(藥)'인 것입니다. 이런 사실을 음주를 정당화하는 논리로 사용하는 것은, 마치 전체 낙태시술 대상자의 1%도 채 안 되는 '성폭행으로 인한 임신 사례'를 근거로 '낙태허용 법안'을 만들지 않으면 안 된다고 주장하는 상황윤리 지지자들의 말처럼, 부분과 전체를 혼동하는 심각한 논리적 모순을 스스로 드러내는 것입니다.

*** 간접세를 많이 내므로 술 많이 마시는 사람이 애국자다?**

―얼른 생각하면 그럴 듯하지만, 술로 인해 망가지는 국민건강, 술과 연관된 각종 퇴폐향락문화로 인해 국민들이 받는 윤리 · 정서적 악영향, 그리고 '술'로 무너진 건강을 회복시키기 위해 투입되는 막대한 의료비, 사회보장비용 등을 계산하면, 음주행위가 국민 경제에 부담을 줄지언정 보탬이 되지는 않을 것입니다. 세금을 많이 내서 그토록 애국하고 싶으면, 술을 마신 셈치고 예상되는 술값을 국세청에 그냥 헌납하면 더 좋지 않을까요?

*** 취하여 주정을 하지만 않는다면 문제될 것이 없다?**

―술의 해독을 익히 들어서 알고 있는 정직하고 상식적인

지성인이라면 이런 말은 함부로 못할 것입니다.

*** 집에서 혼자 마시는 술은 문제삼을 필요가 없다?**

—의인이요 당세(當世)에 완전한 자로서 하나님과 동행한 사람(창 6:9)이었던 노아가 홍수 후에 자기 장막 안에서 혼자 포도주에 취하여 생긴 문제(창 9:20-27)를 안다면 이런 말을 함부로 할 것입니다. 사도 바울은 빌립보 교회를 위한 중보기도(빌 1:10)에서 "진실하여 허물없이 그리스도의 날까지" 이르게 되기를 간구하고 있습니다. 여기서 "허물없이"라는 말은, 자신이 '허물없이 사는 것'만을 말하는 것이 아니라, '다른 사람으로 하여금 걸려 넘어지지 않도록 하는 삶'까지를 포괄해서 말하는 것입니다. 그런 점에서 노아가 대낮에 장막에서 혼자 술 취해 벌거벗고 쓰러져 잔 것은 자식들의 태도와 상관없이 이미 심각한 범죄행위가 되는 것입니다. 곧 자식이 〈실족할 빌미를 제공한 사실 자체가 심각한 죄〉라는 말이지요. 노아 같은 성숙한 신앙인도 단 한 번 술로 돌이킬 수 없는 실수를 했다면 노아만큼 경건한 삶을 살지 못하는 우리가 어떤 태도를 취해야할지는 자명한 것 아닙니까? 어느 누구도 자신의 절제력을 함부로 믿어서는 안 되는 것이기에……

* 자기 돈 가지고 자기가 술 마시는데, 참견해서는 안 된다?

―그리스도인 중에도 이런 주장을 펴는 분들이 더러 있더군요. '자기 돈'이 어디 있습니까? 우리는 단지 '청지기'일 뿐이라는 정직한 신앙고백이 있는 사람이라면 이런 말을 함부로 못하지요. 그렇다면 자기 돈 가지고 아편을 즐기며 바람 피우는 일도 개인의 일이므로 그 누구도 참견해서는 안 된다고 주장할 수도 있겠네요?

* 술은 어디까지나 기호식품이므로 술 마시는 것을 상관해서는 안 된다?

―맞습니다. 그렇기 때문에 자신과 기호(嗜好)가 다른 사람(술 안 마시는 사람)을 함부로 몰아 부쳐서는 안 되는 것입니다. 엄밀히 말해서, '술 안 마시는 사람들'이 '술 마시는 사람들'의 술판을 방해하는 경우는 별로 없지 않습니까?

* 그러므로 술 문제를 가지고 왈가왈부하는 사람들은 앞뒤가 꽉 막힌 근본주의자들이다?

―술 마시는 문제가 구원(좁은 의미에서)과 상관이 없는 것은 사실입니다. 그렇다고 술을 마시는 것이 성숙한 신앙의 표지가 되는

것도 아니지요. 하지만, 술을 자유롭게 마시는 것으로 자신의 "자유"를 과시하고 싶으신 분이 있다면 그는 이미 영적인 졸장부입니다. '진리 안의 자유'를 드러낼 수 있는 방법이 지지리도 없어서, 사람들 앞에서 '술' 마시는 것으로 자신을 과시하려 든단 말입니까? 이렇게 말씀하시는 분들, 아직 '복음'이 뭔지를 잘 모르는 '영적인 어린아이들' 입니다.

*** 성경에도 술을 마셔서는 안 된다고 말하는 구절이 별로 없다?**

—술을 마시지 말라는 성경구절이 없다고 생각하시는 분들에게는, 그러면 "술을 열심히 찾아 마시라"는 성경구절은 또 어디에 있는지 되묻고 싶습니다. 한사코 술을 마셔야한다고 주장하는 분들은 자신이 혹시 '음주 근본주의자'가 아닌지를 정말 정직하게 생각해 보셔야 합니다. 참고삼아, 다음 항에 나열된 성경말씀들(창 9:21, 레 10:9, 민 6:3, 잠 23:31, 삼상 25:36-38, 잠 26:9, 잠 31:4, 5, 사 5:11-12, 22-23, 사 28:7, 사 28:7, 사 56:12, 렘 35:6, 렘 51:7, 단 1:8, 단 5:2-4, 합 2:15-16, 눅 1:15, 롬 14:21, 고전 8:13, 딤전 3:8, 딛 2:3, 계 17:2, 6 등)을 하나 하나 확인(묵상)해 보십시오.

* "술 취하지 말라"(엡 5:18)고 했으니 취하지만 않게 적당히 마시면 괜찮다?

—엡 5:18, "술 취하지 말라"는 말 다음에 "이는 방탕한 것이니 오직 성령의 충만을 받으라"는 말씀이 있는데, "(그러나/그 대신에) 성령의 충만을 받으라"는 말을 어떻게 이해해야 할까요? 술을 마시는 일이 성령의 충만을 받는 일과 어떤 상관관계를 지닐 수 있을지 부디 설득력 있는 논리를 펴 보시기 바랍니다.

* 한국교회에서만 술이 문제가 된다. 선교 1세기가 지난 지금은 좀 자유로워질 필요도 있지 않을까?

—비슷한 예로, 중국 교회에서만 아편을 금했습니다. 그러므로 중국 외의 지역에서는 기독교인들이 아편을 마음껏 해도 되겠군요? 정말 그렇습니까? 금주(禁酒)가 한국교회의 아름다운 전통이 된 것은 사실입니다. 그렇다고 외국의 기독교인들은 모두다 술 담배를 마음놓고 할 것이라는 생각은 지극히 단세포적인 생각입니다. 외국의 그리스도인들을 잘 살펴보십시오. 제멋대로 된 사람이 아니고 진정으로 복음을 받아들여 십자가의 길을 묵묵히 걷는 신실한 사람 중에 과연 몇 사람이나 술 담배를 하는지 확인해 보셨습니까? 남이 어떻게

하는가(외국의 저명한 목사님들이 어떻게 하는가)가 그렇게 중요한 것은 아닙니다. 진리는 다수결로 결정되는 것이 아니기 때문입니다. 그러므로 남들이야 어떻게 하든, 정말 성숙한 그리스도인이라면 술 마실 돈으로 '북한선교비'를 내거나, 농어촌교회를 돕기 위해 헌금을 하거나, 교회 전임사역자들을 돕기 위해 헌금을 할 것입니다. 복음사역을 위해 돈 한 푼이 아쉬운 상황에서, '술값'이라니요? '방석집'이라니요? 내 돈 내고 먹는 술이 아니라고요? 그렇다면 그 돈은 결국 어디서 나오는 것입니까?

　　* 근본주의적 시각에서 기독교인들에게 술을 마시지 못하게 함으로써, 하찮은 술 문제로 신자들을 고립시키며 부질없는 죄의식으로 갈등하게 만드는 것은 소자를 실족시키는 또 다른 범죄다(막 9:32)……

　　─이렇게까지 나오시는 분들에겐 정말이지 뭐라 드릴 말씀이 없습니다. 취향대로 그냥 마음 편히 술 드십시오. 이런 분들을 위해 저는 그저 기도나 열심히 하겠습니다(혹 이런 글을 쓰는 제가 앞 뒤 꽉 막힌 '꽁생원'으로 보이십니까? 그렇다면 저야말로 '소자'라고 말할 수 있는데, 위와 같은 주장을 하시는 분들 때문에 이 소자가 정말 심각하게 고민하고 갈등하게 되었다면 그것 또한 심각한 죄가 아니 되는지……).

7. 초등학생의 책가방(금주론의 성경적 근거)

길거리를 오가는 사람들을 보면 그 사람이 무엇을 하는 사람인지를 대충 알 수 있습니다. 검은 가방을 든 아주머니들과 넥타이 맨 신사가 함께 걸어가면 이내 어느 교회의 심방대원이란 것을 알게 됩니다. 흰 반소매 와이셔츠에 검은 명패를 단 두 사람이 길을 가면 그들이 몰몬교 선교사들이라는 것을 알 수 있습니다. 어린아이가 책가방을 메고 가면 그가 초등학생이라는 것을 알 수 있습니다. 특별한 정보가 없어도 그냥 보면 알 수 있습니다. 그들의 신분을 상징하는 기호가 있기 때문입니다. 마찬가지로 어떤 사람이 기독교인인지 아닌지를 확인할 수 있는 상징적 기호의 하나가 '금주'와 '금연'이라고 생각합니다.

문제는 술 담배문제가 성경 안에서 "진리의 회색지대"에 있는 것처럼 보인다는 데 있습니다. 그래서 앞서 다룬 바와 같은 이상한 고정관념들이 성경말씀으로 교묘히 포장되어 우리 앞에 나타날 때는 더더욱 갈피를 잡을 수 없게 됩니다.

솔직히 진리의 유일한 표준인 성경은 술(담배) 문제에 대해 긍정도 부정도 하지 않습니다. 그렇다고 술(담배) 문제를 성경이 다루지 않는 것은 결코 아닙니다. 복음의 진리가 지향하는 "방향"과 "원칙"에 대한 확실한 정보가 무수히 많기 때문입니다.[14] 구체적인 내용이 관찰되지

않는 '회색 빛 문제들'은 복음의 "원칙"을 "유추·적용"하는 지혜로 얼마든 해결해 나갈 수 있기 때문에 우리는, 복음이 우주적인 성격을 띤다고 말하는 것입니다. 복음이 우주적인 성격을 띤다는 것은, 한국적 상황을 고려하기 이전에 이미, "술판"에도 복음의 원칙이 제대로 적용되어야만 한다는 것을 의미합니다.

성경에서 술을 대표하는 것이 포도주(혹은 독주)인데, 이것은 앞서

---

14) 성경에서는, 예컨대 족장들의 '일부다처제'에 대해서도 옳다 그르다 말을 하지 않습니다. 다만, 일부일처제를 포기하고 일부다처제를 택한 경우 그 후유증과 어두운 열매를 적나라하게 고발할 뿐이지요. 술 문제도 그런 식으로 다뤄져 있다고 보는 것이 옳을 것입니다.

지적한 것처럼 "음료수"와 "약"으로서의 성격이 강한 것이어서, 술에 대해 긍정적인 자세를 취하는 듯한 대부분의 성구들은 '음주론'을 지지하는 성구로 인용되기가 어렵습니다. 여하튼 구약성경에서, 포도주와 독주는, 제사장직에 종사하는 사람(레 10:9)이나 나실인의 서원기간 규례(민 6:3-5) 등에서 볼 수 있는 것처럼, 때에 따라 금해졌습니다.[15] 잠언과 선지서들에는 술의 위험성을 전제한 구절들이 매우 많습니다. 이사야 시대에는 제사장들까지도 술의 유혹에 빠졌던 기록이 있습니다. 포도주의 유익과 해악에 대한 언급이 공존함에도 불구하고, 궁극적으로 포도주는 취하게 하여 파멸을 가져오는 바벨론의 영향력을 상징함(렘 51:7)으로써, 구약성경은 술의 역기능을 좀더 강조하는 어조를 띠게 됩니다.[16]

　신약성경에서도 흐름은 비슷합니다. 세례 요한은 그의 특별한 임무

---

15) (레 10:9) 너나 네 자손들이 회막에 들어갈 때에는 포도주나 독주를 마시지 말아서 너희 사망을 면하라. 이는 너희 대대로 영영한 규례라.
　(민 6:3-5) 포도주와 독주를 멀리하며, 포도주의 초나 독주의 초를 마시지 말며, 포도즙도 마시지 말며, 생포도나 건포도도 먹지 말지니, 자기 몸을 구별하는 모든 날 동안에는 포도나무 소산은 씨나 껍질이라도 먹지 말며, 그 서원을 하고 구별하는 모든 날 동안은 삭도를 도무지 그 머리에 대지 말 것이라.
　16) (렘 51:7) 바벨론은 여호와의 수중의 온 세계로 취케 하는 금잔이라 열방이 그 포도주를 마시고 인하여 미쳤도다.

때문에 포도주를 마시지 않았습니다(눅 1:15).[17] 포도주가 긍정적으로 쓰인 증거를, 요한복음 2장의 갈릴리 가나 혼인잔치에서 예수님이 물로 포도주를 빚는 이적[18]을 일으키신 기사에서 볼 수 있으나, 이것 역시 술이라기보다는 물이 귀한 아열대지방에서 음료수로서의 술의 기능을 더 중시한 것으로 보는 것이 더 적절할 것입니다. 어쨌거나 신약성경에서 '포도주'라는 단어는, 은유적으로, 때로는 선한 의미로 때로는 악한(요한계시록 17:2, 6) 의미로 사용되고 있습니다.[19] 바울은 '포도주에 취하는 것'과 대조적으로 '성령으로 충만할 것'을 권고합니다(엡 5:18).[20] 바울은 포도주의 의약적 성질을 고려하여 디모데 목사의 위장병에 포도주를 조금 사용해 볼 것을 권면하기도 합니다(딤전 5:23).[20] 그러나 '목회서신들'에는 폭음의 심각한 위험에 대한 인식이

---

17) (눅 1:15) 이는 저가 주 앞에 큰 자가 되며 포도주나 소주를 마시지 아니하며 모태로부터 성령의 충만함을 입어

18) 구원이 오직 하나님의 말씀으로만 이루어진다는 것을 밝히신 것. 말씀하신 그대로 되기 때문에 비록 육체을 입고 이 땅에 오셨으나, 예수님은 '영광의 하나님', '창조주 하나님'이시라는 것을 밝힌 것.

19) (계 17:2) 땅의 임금들도 그로 더불어 음행하였고 땅에 거하는 자들도 그 음행의 포도주에 취하였다 하고

(계 17:6) 또 내가 보매 이 여자가 성도들의 피와 예수의 증인들의 피에 취한지라. 내가 그 여자를 보고 기이히 여기고 크게 기이히 여기니

20) (엡 5:18) 술 취하지 말라. 이는 방탕한 것이니 오직 성령의 충만을 받으라.

21) (딤전 5:23) 이제부터는 물만 마시지 말고 네 비위와 자주 나는 병을 인하여 포도주를 조금씩 쓰라.

매우 짙게 깔려 있습니다. 그래서 남녀를 불문하고 교회공동체 내에서 직분을 맡거나 어떤 형태로든 지도력을 발휘해야할 사람들은 술을 조심하도록 경고를 받습니다(딤전 3:8, 딛 2:3).[22] 요컨대, 술이 죄악 된 사람들의 수중에 있을 때는 통제되지 않는 위험을 초래하므로 스스로 강하다고 생각하는 사람들[신앙인들]은 자신을 위해서만이 아니라 약한 형제들[전도대상자들]을 위해 〈스스로〉 술을 절제해야만 하는 것입니다(롬 14:21, 고전 8:12-13참조).[23]

우리 기독교인들에게, "나는, 왕 같은 제사장으로서 하나님의 아름다운 덕을 선전해야할 사람(벧전 2:9)"이라는 자의식이 정말 있다면 더더욱 그러해야 합니다.

이해를 돕기 위해 술을 삼갈 것을 명령하는 성경말씀들을 좀더 구체적으로 소개하겠습니다.

---

22) (딤전 3:8) 이와 같이 집사들도, 단정하고 일구 이언을 하지 아니하고, 술에 인박이지 아니하고 더러운 이를 탐하지 아니하고
(딛 2:3) 늙은 여자로는, 이와 같이 행실이 거룩하며, 참소치 말며, 많은 술의 종이 되지 말며, 선한 것을 가르치는 자들이 되고
23) 롬 14:21) 고기도 먹지 아니하고 포도주도 마시지 아니하고 무엇이든지 네 형제로 거리끼게 하는 일을 아니함이 아름다우니라
(고전 8:12-13) 이같이 너희가 형제에게 죄를 지어 그 약한 양심을 상하게 하는 것이 곧 그리스도에게 죄를 짓는 것이니라. 그러므로 만일 식물이 내 형제로 실족케 하면 나는 영원히 고기를 먹지 아니하여 내 형제를 실족치 않게 하리라.

창세기 9:20-21, 노아가 농업을 시작하여 포도나무를 심었더니, 포도주를 마시고 취하여 그 장막 안에서 벌거벗은지라. → 그 결과, 아버지인 노아가 장애물이 되어 자식(가나안)이 저주받게 됨.

레위기 10:9, 너나 네 자손들이 회막에 들어갈 때에는 포도주나 독주를 마시지 말아서 너희 사망을 면하라. 이는 너희 대대로 영영한 규례라.→ 하나님께 부름을 받아 그 분을 경배하는 삶을 사는 사람들의 삶의 방식은 깨끗하고 거룩해야만 함.

민수기 6:1-5, 여호와께서 모세에게 일러 가라사대, 이스라엘 자손에게 고하여 그들에게 이르라. 남자나 여자가 특별한 서원 곧 나실인의 서원을 하고 자기 몸을 구별하여 여호와께 드리거든, 포도주와 독주를 멀리하며 포도주의 초나 독주의 초를 마시지 말며 포도즙도 마시지 말며 생포도나 건포도도 먹지 말지니, 자기 몸을 구별하는 모든 날 동안에는 포도나무 소산은 씨나 껍질이라도 먹지 말지며, 그 서원을 하고 구별하는 모든 날 동안은 삭도를 도무지 그 머리에 대지 말 것이라. → 하나님께 헌신하기를 원하는 사람들에게는 거룩한 삶의 표준이 있음.

사무엘상 25:35-38, 다윗이 그가 가져온 것을 그의 손에서 받고 그에게 이르되 네 집으로 평안히 올라가라. 내가 네 말을 듣고 네 청을 허락하노라. 아비가일이 나발에게로 돌아오니 그가 왕의 잔치 같은 잔치를 그 집에 배설하고 대취하여 마음에 기뻐하므로 아비가일이 밝는 아침까지는 다소간 말하지 아니하다가 아침에 나발이 포도주가 깬 후에 그 아내가 그에게 이 일을 고하매 그가 낙담하여 몸이 돌과 같이 되었더니 한 열흘 후에 여호와께서 나발을 치시매 그가 죽으니라. → 술을 즐기는 사람들은 상황을 판단하는 능력이 거의 없어 결국은 패가망신함.

잠언 20:1, 포도주는 거만케 하는 것이요 독주는 떠들게 하는 것이라. 무릇 이에 미혹되는 자에게는 지혜가 없느니라. → 술은 사람을 흥분시키고 이성을 마비시킴.

잠언 23:19-21, 내 아들아 너는 듣고 지혜를 얻어 네 마음을 정로로 인도할지니라. 술을 즐겨하는 자와 고기를 탐하는 자로 더불어 사귀지 말라. 술 취하고 탐식하는 자는 가난하여질 것이요 잠자기를 즐겨하는 자는 해어진 옷을 입을 것임이니라.→ 술을 좋아하는 사람은 바른 길을

걸을 수 없으며 또한 장래성도 없음. 술을 통해서는 바른 인간관계를
맺을 수 없음.

잠언 23:23, 진리를 사고서 팔지 말며 지혜와 훈계와 명철도
그리할지니라.→ (술 한 잔 때문에) 진리 안에 있는 생명과 자유를
잃는다면 그것은 미련한 짓임.

잠언 23:29-35, 재앙이 뉘게 있느뇨? 근심이 뉘게 있느뇨? 분쟁이
뉘게 있느뇨? 원망이 뉘게 있느뇨(인간관계 파괴. 정신적 후유증 심각)?
까닭 없는 창상(몸이 망가짐)이 뉘게 있느뇨? 붉은 눈이 뉘게 있느뇨?
술에 잠긴 자에게 있고 혼합한 술(폭탄주?)을 구하러 다니는 자에게
있느니라. 포도주는 붉고 잔에서 번쩍이며 순하게 내려가나니(술은
매우 매혹적으로 다가옴), 너는 그것을 보지도 말지어다. 이것이 마침내
뱀같이 물 것이요, 독사같이 쏠 것(그러나 술은 매우 파괴적임)이며, 또
네 눈에는 괴이한 것이 보일 것(퇴폐향락으로 이어짐)이요, 네 마음은
망령된 것을 발할 것(정신을 못 차림)이며, 너는 바다 가운데 누운 자
같을 것(감각 마비)이요, 돛대 위에 누운 자 같을 것(메슥거리는 속)이며,
네가 스스로 말하기를 사람이 나를 때려도 나는 아프지 아니하고, 나를

상하게 하여도 내게 감각이 없도다(의식을 잃어버림). 내가 언제나 깰까, 다시 술을 찾겠다 하리라(중독성이 강함). → 술은 아름다운 인간관계를 파괴하고, 정신장애의 원인이 되며 소중한 몸을 망가지게 함. 술은 사회적으로도 심각한 문제를 야기함. 중독성이 대단히 강함. 결과적으로 술은 이로울 것이 하나도 없음(이 본문은 나중에 좀더 자세히 다룰 것임).

잠언 31:4-5, 르무엘아 포도주를 마시는 것이 왕에게 마땅치 아니하고 왕에게 마땅치 아니하며 독주를 찾는 것이 주권자에게 마땅치 않도다. 술을 마시다가 법을 잊어버리고 모든 간곤한 백성에게 공의를 굽게 할까 두려우니라.→ 지도자가 되려는 사람들은 술을 삼가야 함.

이사야 5:11-12, 아침에 일찍이 일어나 독주를 따라가며 밤이 깊도록 머물러 포도주에 취하는 그들은 화 있을진저! 그들이 연회에는 수금과 비파와 소고와 저와 포도주를 갖추었어도 여호와의 행하심을 관심치 아니하며 그의 손으로 하신 일을 생각지 아니하는도다. → 술은 하나님의 부르심을 외면하게 만들 가능성이 있음.

이사야 5:22-23, 포도주를 마시기에 용감하며 독주를 빚기에 유력한 그들은 화 있을진저! 그들은 뇌물로 인하여 악인을 의롭다 하고 의인에게서 그 의를 빼앗는도다.→ 술은 하나님의 공의를 땅에 떨어뜨릴 위험이 있음. 술은 음흉한 로비 수단임.

이사야 28:7-8, 이 유다 사람들도 포도주로 인하여 옆걸음 치며 독주로 인하여 비틀거리며 제사장과 선지자도 독주로 인하여 옆걸음 치며 포도주에 빠지며 독주로 인하여 비틀거리며 이상을 그릇 풀며 재판할 때에 실수하나니, 모든 상에는 토한 것, 더러운 것이 가득하고 깨끗한 곳이 없도다.→ 언약백성인 이스라엘도 언약의 땅에서 술로 망했음.

이사야 55:2, 너희가 어찌하여 양식 아닌 것을 위하여 은을 달아 주며 배부르게 못할 것을 위하여 수고하느냐? 나를 청종하라. 그리하면 너희가 좋은 것을 먹을 것이며 너희 마음이 기름진 것으로 즐거움을 얻으리라. → 술값으로 쓸 돈이 있다면 그 돈을 하나님이 기뻐하시는 선한 일에 써야만 함. 그래야만 구원의 감격 속에 사는 성숙한 그리스도인이 될 수 있음.

이사야 56:9-12, 들의 짐승들아 삼림 중의 짐승들아 다 와서 삼키라. 그 파수꾼들은 소경이요 다 무지하며 벙어리 개라. 능히 짖지 못하며 다 꿈꾸는 자요 누운 자요 잠자기를 좋아하는 자니, 이 개들은 탐욕이 심하여 족한 줄을 알지 못하는 자요 그들은 몰각한 목자들이라. 다 자기 길로 돌이키며 어디 있는 자이든지 자기 이만 도모하며 피차 이르기를, 오라 내가 포도주를 가져오리라. 우리가 독주를 잔뜩 먹자. 내일도 오늘같이 또 크게 넘치리라 하느니라. → 술은 기독교적인 리더십에 치명적인 위협이 됨.

예레미야 35:5-10, 내가 레갑 족속 사람들 앞에 포도주가 가득한 사발과 잔을 놓고 마시라 권하매, 그들이 가로되, 우리는 포도주를 마시지 아니하겠노라. 레갑의 아들 우리 선조 요나답이 우리에게 명하여 이르기를, 너희와 너희 자손은 영영히 포도주를 마시지 말며, 집도 짓지 말며 파종도 하지 말며 포도원도 재배치 말며 두지도 말고 너희 평생에 장막에 거처하라. 그리하면 너희의 우거하는 땅에서 너희 생명이 길리라 하였으므로, 우리가 레갑의 아들 우리 선조 요나답의 우리에게 명한 모든 말을 순종하여 우리와 우리 아내와 자녀가 평생에 포도주를 마시지 아니하며 거처할 집도 짓지 아니하며 포도원이나 밭이나 종자도 두지 아니하고 장막에 거처하여 우리 선조 요나답의 우리에게 명한 대로 다 준행하였노라. → 조상 대대로 내려오는 아름다운 전통을 굳이 무너뜨릴 필요는 없음.

예레미야 51:7, 바벨론은 여호와의 수중의 온 세계로 취케 하는 금잔이라. 열방이 그 포도주를 마시고 인하여 미쳤도다. → 술은 하나님을 대적하는 악의 세력의 상징임.

다니엘 1:8-9, 다니엘은 뜻을 정하여 왕의 진미와 그의 마시는 포도주로 자기를 더럽히지 아니하리라 하고 자기를 더럽히지 않게 하기를 환관장에게 구하니, 하나님이 다니엘로 환관장에게 은혜와 긍휼을 얻게 하신지라. → 목숨 걸고 신앙을 고백하는 사람을 하나님께서 특별한 은총으로 보호하심.

다니엘 5:2-4, 벨사살이 술을 마실 때에 명하여 그 부친 느부갓네살이 예루살렘 전에서 취하여 온 금, 은 기명을 가져오게 하였으니 이는 왕과 귀인들과 왕후들과 빈궁들이 다 그것으로 마시려 함이었더라. 이에 예루살렘 하나님의 전 성소 중에서 취하여 온 금

기명을 가져오매 왕이 그 귀인들과 왕후들과 빈궁들로 더불어 그것으로 마시고 무리가 술을 마시고는 그 금, 은, 동, 철, 목, 석으로 만든 신들을 찬양하니라. → 술(음주행위)은 마침내 '종교성'을 띠게 될 때가 많음.

하박국 2:15-16, 이웃에게 술을 마시우되 자기의 분노를 더하여 그로 취케 하고 그 하체를 드러내려 하는 자에게 화 있을진저! 네게 영광이 아니요 수치가 가득한즉 너도 마시고 너의 할례 아니한 것을 드러내라. 여호와의 오른손의 잔이 네게로 돌아올 것이라. 더러운 욕이 네 영광을 가리우리라. → 술은 하나님의 심판을 불러들일 수 있음.

누가복음 1:13-16, 천사가 일러 가로되, 사가랴여 무서워 말라. 너의 간구함이 들린지라. 네 아내 엘리사벳이 네게 아들을 낳아 주리니 그 이름을 요한이라 하라. 너도 기뻐하고 즐거워할 것이요 많은 사람도 그의 남을 기뻐하리니, 이는 저가 주 앞에 큰 자가 되며 포도주나 소주를 마시지 아니하며 모태로부터 성령의 충만함을 입어 이스라엘 자손을 주 곧 저희 하나님께로 많이 돌아오게 하겠음이니라. → 세례 요한의 경우, 금주(禁酒)가 거룩한 삶(사역자)의 표지가 됨.

로마서 11:13-14, 내가 이방인인 너희에게 말하노라. 내가 이방인의 사도인 만큼 내 직분을 영광스럽게 여기노니 이는 곧 내 골육을 아무쪼록 시기케 하여 저희 중에서 얼마를 구원하려 함이라. → 사도 바울은 동족의 구원을 위하여 최선을 다하는 삶(사랑으로 절제된 자유)을 살았음.

로마서 14:16-22, 그러므로 너희의 선한 것이 비방을 받지 않게 하라. 하나님의 나라는 먹는 것과 마시는 것이 아니요 오직 성령 안에서 의와 평강과 희락이라. 이로써 그리스도를 섬기는 자는 하나님께 기뻐하심을 받으며 사람에게도 칭찬을 받느니라. 이러므로 우리가 화평의 일과 서로 덕을 세우는 일을 힘쓰나니 식물을 인하여 하나님의 사업을 무너지게 말라. 만물이 다 정하되 거리낌으로 먹는 사람에게는 악하니라. 고기도 먹지 아니하고 포도주도 마시지 아니하고 무엇이든지 네 형제로 거리끼게 하는 일을 아니함이 아름다우니라. 네게 있는 믿음을 하나님 앞에서 스스로 가지고 있으라. 자기의 옳다 하는 바로 자기를 책하지 아니하는 자는 복이 있도다. → 그리스도인은 진리 안에서 자유를 누리되, 신앙고백과 행위에 모순이 없어야 함. 덕을 세우고 믿음을 지키는 일에 최선을 다해야 함. 나보다 신앙이 약한 사람들을 위해 행실을 삼가는 것이 옳음.

고린도전서 5:11, 이제 내가 너희에게 쓴 것은 만일 어떤 형제라 일컫는 자가 음행하거나 탐람하거나 우상 숭배를 하거나 후욕하거나 술 취하거나 토색하거든 사귀지도 말고 그런 자와는 함께 먹지도 말라 함이라. → 음주행위는 불신앙(불경건)의 증거임.

고린도전서 6:9-11, 불의한 자가 하나님의 나라를 유업으로 받지 못할 줄을 알지 못하느냐? 미혹을 받지 말라. 음란하는 자나 우상 숭배하는 자나 간음하는 자나 탐색하는 자나 남색하는 자나 도적이나 탐람하는 자나 술 취하는 자나 후욕하는 자나 토색하는 자들은 하나님의 나라를 유업으로 받지 못하리라. 너희 중에 이와 같은 자들이 있더니 주 예수 그리스도의 이름과 우리 하나님의 성령 안에서 씻음과 거룩함과 의롭다 하심을 얻었느니라.→ 그리스도인이 술을 마셔도 괜찮다는 궤변에 속지 말 것. 하나님나라에는 술꾼이 없기 때문임.

고린도전서 8:9-13, 그런즉 너희 자유함이 약한 자들에게 거치는 것이 되지 않도록 조심하라. 지식 있는 네가 우상의 집에 앉아 먹는 것을 누구든지 보면 그 약한 자들의 양심이 담력을 얻어 어찌 우상의 제물을 먹게 되지 않겠느냐? 그러면 네 지식으로 그 약한 자가 멸망하나니 그는 그리스도께서 위하여 죽으신 형제라. 이같이 너희가 형제에게 죄를 지어 그 약한 양심을 상하게 하는 것이 곧 그리스도에게 죄를 짓는 것이니라. 그러므로 만일 식물이 내 형제로 실족케 하면 나는 영원히 고기를 먹지 아니하여 내 형제를 실족치 않게 하리라.→ 술(음주행위)이 '구원'의 결정적 조건은 아니라 할지라도, '구원사역(복음사역)'에 중요한(필요한) 조건은 됨. 진리 안에서 우리가 누릴 수 있는 자유는 공동체의 질서와 덕을 위해 스스로 절제되어야만 함. '형제사랑'을 위해 자신의 '자유'를 스스로 포기한 바울처럼 우리 모두 성숙한 그리스도인의 삶을 살아야만 함.

갈라디아서 5:19-24, 육체의 일은 현저하니 곧 음행과 더러운 것과 호색과 우상 숭배와 술수와 원수를 맺는 것과 분쟁과 시기와 분냄과 당짓는 것과 분리함과 이단과 투기와 술 취함과 방탕함과 또 그와 같은 것들이라. 전에 너희에게 경계한 것같이 경계하노니 이런 일을 하는 자들은 하나님의 나라를 유업으로 받지 못할 것이요 오직 성령의 열매는 사랑과 희락과 화평과 오래 참음과 자비와 양선과 충성과

온유와 절제니 이같은 것을 금지할 법이 없느니라. 그리스도 예수의 사람들은 육체와 함께 그 정과 욕심을 십자가에 못 박았느니라.→ 성령의 (아홉 가지) 열매가 술을 통해 나타날 수는 없음. 술 문제(술 생각)를 아직 해결하지 못했다면 참된 그리스도인이 아닐 가능성이 매우 높음. 술 취하여 방탕한 삶을 사는 사람들(성령의 다스림을 받지 않는 사람들)은 하나님나라의 백성이 될 수 없음.

에베소서 5:18, 술 취하지 말라. 이는 방탕한 것이니 오직(그 대신에) 성령의 충만을 받으라.→ 이른 바 '성령 충만한 술꾼'은 존재할 수 없음.

디모데전서 3:8-10, 이와 같이 집사들도 단정하고 일구이언을 하지 아니하고 술에 인박이지 아니하고 더러운 이를 탐하지 아니하고 깨끗한 양심에 믿음의 비밀을 가진 자라야 할지니 이에 이 사람들을 먼저 시험하여 보고 그 후에 책망할 것이 없으면 집사의 직분을 하게 할 것이요 → 교회직분자들(장차 교회 직분자가 되고자 하는 사람들)은 술을 삼가야만 함.

디도서 2:3, 늙은 여자로는 이와 같이 행실이 거룩하며 참소치 말며 많은 술의 종이 되지 말며 선한 것을 가르치는 자들이 되고 → 그리스도인 여성들(아무리 나이가 많다해도)도 술을 삼가야만 함.

베드로전서 4:1-8, 그리스도께서 이미 육체의 고난을 받으셨으니 너희도 같은 마음으로 갑옷을 삼으라. 이는 육체의 고난을 받은 자가 죄를 그쳤음이니 그 후로는 다시 사람의 정욕을 좇지 않고 오직 하나님의 뜻을 좇아 육체의 남은 때를 살게 하려 함이라. 너희가 음란과 정욕과 술 취함과 방탕과 연락과 무법한 우상 숭배를 하여 이방인의 뜻을 좇아 행한 것이 지나간 때가 족하도다. 이러므로 너희가 저희와 함께 그런 극한 방탕에 달음질하지 아니하는 것을 저희가 이상히 여겨 비방하나 저희가 산 자와 죽은 자 심판하기를 예비하신 자에게 직고하리라. 이를 위하여 죽은 자들에게도 복음이 전파되었으니 이는 육체로는 사람처럼 심판을 받으나 영으로는 하나님처럼 살게 하려 함이니라. 만물의 마지막이 가까왔으니 그러므로 너희는 정신을 차리고 근신하여 기도하라. 무엇보다도 열심으로 서로 사랑할지니 사랑은 허다한 죄를 덮느니라. → '사랑'을 이루기 위해 말세를 사는 성도들은 근신하여 기도하는 삶을 살아야만 함. 술 취한 채 기도할 수는 없고 술 취한 채 사랑을 베풀 수는 더더욱 없음. 하나님을 슬프게 하는 삶, 지난날로 족하지 않은가! 그러므로 술 마시는 열정을 약한 이들을 사랑하는 일로 돌릴 것.

요한계시록 17:1-2, 6, 또 일곱 대접을 가진 일곱 천사 중 하나가 와서 내게 말하여 가로되 이리 오라. 많은 물위에 앉은 큰 음녀의 받을 심판을 네게 보이리라. 땅의 임금들도 그로 더불어 음행하였고 땅에 거하는 자들도 그 음행의 포도주에 취하였다 하고…… 또 내가 보매 이 여자가 성도들의 피와 예수의 증인들의 피에 취한지라. 내가 그 여자를 보고 기이히 여기고 크게 기이히 여기니 → 술은 적그리스도의 상징물임. 술은 하나님을 대적하는 무기가 될 수 있음. 힘있는 사람(땅의 임금)들이라도 강력한 술의 권세로부터 자유롭지는 못함.

열거한 성경구절을 요약 정리하는 의미에서, 앞서 열거한 잠언 23:29-35 말씀을 통해서 술의 본질이 무엇인지를 한번 더 점검해 보도록 하겠습니다.

재앙이 뉘게 있느뇨? 근심이 뉘게 있느뇨? 분쟁이 뉘게 있느뇨?

원망이 뉘게 있느뇨? 까닭 없는 창상(상처)이 뉘게 있느뇨? 붉은 눈이 뉘게 있느뇨? 술에 잠긴 자에게 있고 혼합한 술(폭탄주?)을 구하러 다니는 자에게 있느니라. 포도주는 붉고 잔에서 번쩍이며 순하게 내려가나니 너는 그것을 보지도 말지어다. 이것이 마침내 뱀같이 물 것이요 독사같이 쏠 것이며 또 네 눈에는 괴이한 것이 보일 것이요 네 마음은 망령된 것을 발할 것이며 너는 바다 가운데 누운 자 같을 것이요 돛대 위에 누운 자 같을 것이며 네가 스스로 말하기를 사람이 나를 때려도 나는 아프지 아니하고 나를 상하게 하여도 내게 감각이 없도다. 내가 언제나 깰까, 다시 술을 찾겠다 하리라. (잠언 23:29-35)

잠언 기자는 잠언 23장 29절에서 여섯 개의 질문(음주행위를 경계하기 위한 수사학적 장치)을 던진 다음, 거기에 스스로 답하는 형식으로 술의 폐해를 고발합니다. 곧, 술에 잠긴 자(알코올 중독자), 혼합한 술(폭탄주?)을 구하러 다니는 자에게는 반드시 재앙과 근심과 분쟁과 원망과 까닭 없는 창상이 뒤따르게 된다는 것입니다. 29절의 '까닭 없는 창상' 이란 말이 참 재미있습니다. 술 취한 다음날 아침 거울 앞에서 자신의 얼굴(몸)에 생긴 상처로 인해 의아해 하면서도, 과음으로 의식의 필름(?)이 끊겼던 탓에 도대체 어디서 무엇을 하다 그 지경으로 얼굴이 엉망이 되었는지 모르게 되는 과정을 매우 사실적으로 그리고 있습니다. 물론 눈은 늘 술기운으로 벌겋게 충혈 되어 게슴츠레한 채로 있게 되지요. 31절에서 잠언기자는 술의 매력을 '포도주는 붉고 잔에서 번쩍이며 순하게 내려간다'는 말로 묘사합니다. 그렇습니다. 술꾼들에게 술은 참으로 매력적으로 여겨지며 때문에 어떤 때는 술과 술잔의 빛깔까지도 예쁘고 사랑스러워 보이는 법입니다. 하지만, 술이 아무리 매력적인 것이라 할지라도 그것을 '보지도 말라'(잠언기자의 과장법적 강조)고 잠언기자는 충고합니다. '마시지 말라'는 것이 아니라 아예 '쳐다보지도 말라'는 것입니다. 왜냐하면 아무 생각 없이 마신 술(순하게 내려가는 술)이 결국은(마침내) 그 술꾼을 뱀같이 물고 독사같이 쏠 것이기 때문입니다. 술이 이끌고 가는 길의 끝은 언제나 맹독성 살무사에 물린 것처럼 치명적이라는 것입니다. 33절에서, 술 취한 자의 눈에 '괴이한 것'이 보일 것이라고 말합니다. '괴이한 것'에 해당하는 히브리어 자로트(*zarot*)의 기본형 주르(*zur*)라는 말은 '곁길로 돌다' '간음하다'를 뜻하며, 그런 점에서 '괴이한 것'은 '매춘부(창녀)'를 가리키게 됩니다. 이 말씀은 술 취한 자의 감각과 판단력이 마비되어 너무 허망하게 퇴폐향락의 길로 들어서게 되는 과정을 정말 적나라하게 그려나가고 있는 것입니다. 동서고금을 막론하고 술은 언제나 여자,

마약, 범죄 등과 깊은 연관성을 갖고 있다는 것을 우리 모두가 다 '상식적으로' 알고 있지 않습니까? 34절의 '바다 가운데 누운 자 같을 것'이라는 말은, 도저히 몸을 가눌 수가 없어서 바닥에 누우면 마치 파도가 이는 물결 위에 누운 듯 속이 계속 메슥거리고 울렁거리는 느낌이 오는 상태를 가리킵니다. 감각이 완전히 마비되어 인사불성이 되어버린 것을 말하는 것이지요. (아스라한) '돛대 위에 누운 자 같을 것'이라는 말은 그 사람이 굉장히 위태로운 상태에 있다는 것을 말하는 것입니다. 소위 사회 지도층에 인사를 자처하는 이들이 정말 어처구니없는 실수를 하여 매스컴을 떠들썩하게 하는 사건의 주인공이 되어 하루아침에 패가망신하는 경우들을 잘 들여다보십시오. 거기에 어김없이 술이 있다는 것을 알 수 있을 것입니다. 술의 해독은 35절에 집약되어 있습니다. 술은 우리의 감각을 앗아갈 뿐만 아니라 심각한 중독성이 있다는 것입니다. 한번 마시면 이내 계속 마시게 된다는 것이지요. '내가 언제나 다시 깰까? 다시 술을 찾겠다'는 말을 뇌까리는 사람은 이미 중증 알코올중독자입니다. 그러므로…… 아무리 심각한 알코올중독자라도 그 패가망신의 길은 '처음 한 잔'에서 출발한 것이라는 것을 기억하는 것이 중요합니다. 술과 퇴폐향락은 동전의 양면처럼 얽혀 있어서, 술을 가까이하는 사람은 살무사에 물린 사람처럼 반드시 '죽음'에 이르게 된다는 성경의 준엄한 경고에 정말 진지하게 귀 기울여야만 할 것입니다.

　이처럼 신구약 성경을 종합해 볼 때, 술에 대한 태도는, 자신의 정체성 및 소명에 대한 인식과 깊숙이 맞물려 있음을 알 수 있습니다. 곧 '특별한 (직임으로) 부르심'을 받은 사람들에게는 한시적으로라도 술이 철저히 금해졌던 것입니다. 모든 그리스도인들은, 그들이 복음으로 섬겨야할 믿지 않는 사람들 앞에서, 〈사람 낚는 어부〉로 '부르심을 받은 왕같은 제사장들'(벧전 2:9-10, 막 1:17)이기 때문에 술을 마셔서는 안됩니다.[24] 다시 말해서, 술에 대한 고도로 절제된 태도(자발성이 전제됨)는, '초등학생의 책가방'처럼 부름 받은 기독교인의 매우 귀한 외적 표지가 될 수 있다는 것입니다. 이미 살펴본 바와 같이 신앙고백을 떠나서 일반 의학상식으로도 술은 역기능이 많은 것으로 알려져 있습니다. 그래서 교통경찰관들이 틈틈이 운전자들의

---

24) (벧전 2:9-10) 오직 너희는 택하신 족속이요 왕 같은 제사장들이요 거룩한 나라요 그의 소유된 백성이니 이는 너희를 어두운 데서 불러 내어 그의 기이한 빛에 들어가게 하신 자의 아름다운 덕을 선전하게 하려 하심이라. 너희가 전에는 백성이 아니더니 이제는 하나님의 백성이요 전에는 긍휼을 얻지 못하였더니 이제는 긍휼을 얻은 자니라.
　(막 1:17)예수께서 가라사대 나를 따라오너라 내가 너희로 사람을 낚는 어부가 되게 하리라 하시니

음주여부를 측정하는 것입니다. 이런 점에서 믿지 않는 사람들 사이에서도 금주 금연운동이 확산되고 있는 바, 담배의 경우는 아예 공공장소에서는 피우지 못하게 법이 정해져 있는 현실입니다. 술의 경우, 음주구역이 따로 정해져 있지 않다 해도 음주관행도 금연법에 준하여 생각하는 것이 상식에 맞다고 생각합니다. 선교사님들이 정해놓은 기독교인의 금주 규례가 윤리·도덕적으로 그다지 나쁜 것이 아니라면,

① 안 믿는 사람들도 건강을 위해 금주·금연운동을 하고 있고,
② 안 믿는 사람들이 아직도 금주를 기독교인의 표지로 또렷이 인식하고 있으며,
③ 직·간접적으로 술을 경계하는 성경구절이 그토록 많은 상황에서,

기왕에 한국교회에 아름다운 전통으로 남아있는 금주 규례를, 굳이 술을 마셔야한다는 논리로 무너뜨리려 하는 그 마음을 잘 모르겠습니다. 도대체 어떤 확실한 이유로 술을 마시는 일이 하나님께 영광을 돌릴 수 있는 것인지, 그 (상황적 근거가 아닌) 논리적·신앙 고백적 근거를 좀 알았으면 좋겠습니다. 어쩌면 술에 대해 자유를

누리고 싶어하는 이런 흐름은, 자기가 초등학생임을 사람들이 모르게
하려고 한사코 책가방을 안 메려 하는 어린아이처럼, 동료 신앙인들
앞에 '술'에 자유로운 자신의 모습을 과시함으로써 자신이 또래집단의
평범한 사람들과는 확실히 다르다는 것을 확인 받고 싶어하는
'소영웅주의적인 치기'(稚氣)가 발동한 결과가 아닐는지요.

8. 과천서부터 기는 사람들

소설 《술 권하는 사회》(1921, 개벽지 17호)가 생각납니다. 이 작품은, 1920년대의 소설가 현진건 씨의 초기 작품으로서 작가의 신변 이야기를 다룬 것입니다. 일제의 탄압 하에서 많은 애국 지성들이 어쩔 수 없이 절망하고 술을 벗삼게 되어 주정꾼으로 전락하는데, 그 책임은 바로 '술 권하는 사회'에 있다고 작가는 말합니다. 대취(大醉)하여 새벽 2시에 집에 들어온 남편에게 아내는 "누가 이렇게 술을 권했느냐"며 안타까워합니다. 남편은 "조선 사회가 술을 권한다"고 답합니다. 그러나 아내가 그의 말뜻을 알아듣지 못하자 남편은, "아아 답답해!" 하며 또 다시 밖으로 나가고, 아내는 멀어지는 남편의 발자국 소리를 원망하며 중얼거립니다. "그 몹쓸 사회가 왜 술을 권하는고!"참으로 부끄럽고 안타깝게도, 일제강점기에서의 답답하고 절망적인 한 지식인의 불안을 그린 1920년대 리얼리즘 소설 속의 상황이 근 80년 세월이 흐른 지금도 기독교인들의 삶 속에서 계속되고 있습니다. 역사의 퇴보가 아니라면, 매우 고약한 아이러니지요.

정말 세상이 술을 권하고 사회가 술을 권합니까? 혹시 세상이 아닌 내가, 사회가 아닌 내가 스스로 술을 권하는 것은 아닐까요? 이 땅의 기독교인들을 지켜보면서 제가 느끼는 한 가지 안타까움이 있습니다.

그것은, 기독교인들이 '복음의 원칙'에 입각하여 '상황'을 극복하고자하는 치열한 삶을 추구하는 것이 아니라, 하루에도 몇십 번씩 쉴새없이 변하는 '상황'에 입각하여 '복음'의 원칙을 조율하고 싶어하는 듯한 어정쩡한 태도를 취하는 점입니다.

술 문제도 예외는 아닙니다. 서울이 무섭다고 하니까 과천서부터 아예 스스로 기어버리는 식의 몸짓으로, 신앙고백도 나 몰라라, 그저 살아남기 위해 눈물겨운 몸짓을 하는 초라한 모습을 너무 많이 보아왔습니다. 그러면서도 늘 나오는 고백은, "세상과 사회(직장상사/선배)가 술을 권한다"는 것입니다. 이는 너무 비겁한 책임전가라고 생각되지 않습니까? 대부분의 경우 다 제 손으로 술을 마시지, 물 고문하듯이 코를 틀어막고 누군가가 남의 목구멍에 술을 쏟아 붓지는 않기에 드리는 말씀입니다. 그런 점에서 거의 모든 경우에, 술은 세상이나 사회(선배)가 권하는 것이 아니라 자기 자신이 스스로 권하기(원하기) 때문에 마시게 된다고 보는데, 제가 잘못 보았는지요? 신앙의 원칙을 놓고 싸워보기도 전에 스스로 알아서 기면서 자발적으로 백기를 들고 직장을 요령껏 누비면서 스스로 "지혜 있게 처신"한다고 착각하는 사람들이 많은 것 같기에 드리는 말씀입니다. 그리고 그런 식으로 사는 선배들일수록 더욱더 입에 침을 튀기며,

"하찮은 술 문제로 너무 많은 것을 잃는 어리석음을 범치 말라."

"어쨌거나 술을 마셔가면서 불신자들을 전도해야지, 그런 문제로 신앙인이 너무 고립되는 것은 결국 이원론의 틀에 갇혀버리는 것이다."

"바울을 보라. 복음을 전파하기 위해 유대인에게는 유대인처럼 되고, 이방인에게는 이방인처럼 처신하지 않았느냐? 그러므로 술꾼에게 전도하려면 부득이 함께 술을 먹어야하는 것"

이라고, 순진한 후배들에게, 사단이 만세 부를 고춧가루 훈수를

골라가며 합니다. 물론 이등병 후배는 우선은 멀리 있는 것 같은 장군님보다 그 일등병 선배(직장상사)님의 말씀을 더 귀담아 듣게 되지요. 사실은 별 것 아닌 술 문제에서 스스로 알아서 넘어지는, 마른 수수깡 같은 형편없는 '제자도'로 언감생심 전도라니요? 정말 가당찮은 논리이지요. 지더라도 싸우다가 져야지, 스스로 알아서 백기를 드는 삶의 방식은 하나님의 거룩한 백성이 택할 바가 결코 아닙니다.

사회가 술을 권한다고 발뺌하실 겁니까? 그래도 세상이 술을 권한다고 생각하십니까? 우리 나라 국회청문회에서나 자주 등장하는 지겹고 낯뜨거운 오리발논리가 아닌가요? 정말 솔직하고 정직하게 말하면, 사실은 '나 스스로가' 술을 권하고 있는 것이기 때문에……

9. 그러면 어떻게 해야 하나?(실천지침)

♣ 먼저 원칙을 분명히 합시다. 기독교인은 어떤 경우에도 술을 마셔서는 안됩니다. 이게 원칙입니다. 술 마시면 구원 못 받기 때문에 그런 것이 아니라, 앞서 논한 것과 같은 여러 이유로 기독교인의 음주는, 자기 자신에게 뿐만 아니라 우리가 복음으로 섬겨야할 주변사람들에게도 여러 가지 부정적인 파급효과를 수없이 낳게 되기 때문입니다(고린도전서 10장 31-33절 말씀과 베드로전서 2장 9절 말씀을 깊이 묵상해 보십시오).[25] 또한 인간의 절제력(더더군다나 술 취한 사람의 절제력)이라는 것은 도대체 믿을 만한 것이 못되기 때문입니다. 그러므로 복음의 은혜를 제대로 체험한, 정신이 똑바로 박힌 그리스도인이라면 이 '음주문제'는 애당초 문제 대열에도 끼지 못하는 것입니다. 이것 말고도 우리가 진짜 고민해야할 문제들이 산더미처럼 쌓여 있지 않습니까?

♣ 이 원칙에 충실하기 위하여 하늘의 지혜를 주시도록 엎드려 기도해야 합니다.

---

25) (고전 10:31-33) 그런즉 너희가 먹든지 마시든지 무엇을 하든지 다 하나님의 영광을 위하여 하라. 유대인에게나 헬라인에게나 하나님의 교회에나 거치는 자가 되지 말고, 나와 같이 모든 일에 모든 사람을 기쁘게 하여 나의 유익을 구치 아니하고 많은 사람의 유익을 구하여 저희로 구원을 얻게 하라.

♣ 어느 곳, 어느 상황에 처하든지, 자신이 기독교인인 것을 제일 먼저 밝혀야 합니다.

♣ 전공분야에서 "1인자가 되겠다"는 자세로 기도하며 열심히 실력을 쌓아야 합니다. 폼 잡기 위해서가 아니라 하나님의 영광을 위하여 열심히 공부해야 합니다.

♣ (직장 내) 선후배 관계에서 정말 예절 바른 사람이 되어야 합니다. 그리하여 함께 술을 마시지 않는 것이 결코 선배의 권위에 대한 도전 행위가 아니라는 것을 평소에 확실하게 인식시켜야 합니다.

♣ 범사에 솔선수범하여 성실한 삶을 살아야 합니다(골 3:14).[26] 모든

일을 주님을 섬기듯 최선을 다해야 합니다(골 3:23).[27]평소에 어렵고 궂은 일에 발 벗고 나서서 섬기는 본을 보여야 합니다. 그럼으로써 기독교인이 공동체의 하나됨을 깨뜨리는 사람이 아니라는 것을 증명해 보여야 합니다. 한마디로 몸을 아끼지 말고 부지런히 섬기라는 것이지요.

♣ 술판이 예상되더라도 공동체에 분명한 의미가 있는 모임(예컨대 애경사)에 빠져서는 안됩니다. 아예 빠져버리면 "거룩한 왕따"가 아니라 "동네북 왕따"가 되고 맙니다. 그 모임에 참여하되 단 한 잔이라도 술을 마셔서는 안됩니다. 한 잔만 마시면 그 다음은 할 말이 없어지기 때문입니다. 술을 안 마시면 미워는 하겠지만 무시하지는 못할 것입니다. 그러나 안 마셔야할 술을 받아 마시고 나면 면전에서는 "트인 기독교인"이라고 칭찬을 하겠지만, 돌려세워 놓고서는 승리감에 도취되어 그 그리스도인을 경멸하는 것이 술꾼들의 기본생리라는 것을 분명히 기억하십시오. 그런 승리감을 한 번 맛본 술꾼은, 다른 술좌석이 펼쳐질 때 또 다시 다른 기독교인을 무릎 꿇리려 달려들 것입니다. 그러므로 이런 싸움은, 아무리 힘들고 고통스러워도 '나 한 사람'에서

---

26) (골 3:14) 이 모든 것 위에 사랑을 더하라 이는 온전하게 매는 띠니라. ,
27) (골 3:23) 무슨 일을 하든지 마음을 다하여 주께 하듯 하고 사람에게 하듯 하지 말라.

끝내야 합니다.

♣ 예수 안 믿는 사람들은 지위고하를 막론하고 모두다 기독교인인 당신보다 영적으로 약한 자들, 다시 말해서 당신이 복음으로 섬겨야할 불쌍한 사람들이라는 사실을 분명히 기억하시고, 정말로 그 이들에게 복음을 전하고 싶다면, 그 이들 앞에서는 어떤 상황에서도 〈절대〉 술을 마셔서는 안됩니다(고전 6:1-2 참조).[28]

♣ 고통스럽더라도 '예의상' 몇 차례만 술판에 참여하면서(물론 그 사이에 술을 함께 마셔서는 안됩니다) 술판의 뒤처리를 성실하게 잘 해 주십시오. 견딜만하면 그런 식으로 적당한 선에서 '한 배'를 타십시오(그러나 술판이 2차 3차로 넘어가게 되면 언젠가는 도저히 함께 갈 수 없는 길이 나올 것입니다. '방석집' '색싯집' 까지 동행할 수는 없는 것이니까요. 그럴 바에야 아예 처음부터 선을 분명히 긋는 것이 더 나을 경우도 때론 있습니다). 그런 후, 적절한 기회에 술이 취하지 않은 상태에서 술을 즐기는 선배와 1:1로 한번은 정중하게 부딪히십시오. 반드시 한 번은 부딪혀야 합니다. 그러나 그 과정에서

---

28) (고전 6:1-2) 너희 중에 누가 다른 이로 더불어 일이 있는데 구태여 불의한 자들 앞에서 송사하고 성도 앞에서 하지 아니하느냐? 성도가 세상을 판단할 것을 너희가 알지 못하느냐? 세상도 너희에게 판단을 받겠거든 지극히 작은 일 판단하기를 감당치 못하겠느냐?

철저하게 그 선배를 향한 '사랑을 중심에 깔고' 있어야 합니다. 그 분의 영혼을 불쌍히 여기는 주님의 마음을 품고 기도하는 자세로 그 분을 1:1로 만나, 자신의 소신(이 글을 잘 소화해서 활용하십시오)을 피력하십시오.

지성인 사회에서 개인의 기호(취향)에 불과한 술 문제가 결코 권위의 상징이 되어서는 안 된다는 것, 술을 잘 마시지 못해서 힘들어하는 이 후배를 제발 좀 잘 돌봐 주시라는 것, 선배님(직장 상사)을 사랑하고 존경한다는 것, 공동체에 대한 애정이 분명하게 있다는 것 등을 진지하게 고백한 다음, 그 고백에 걸맞게 일상생활에서 신실한 자세로 일을 하십시오. 그래서 얼마쯤 후에는 그 선배의 입에서 술에 관한 자신의 생각, 기독교인에 대한 자신의 생각이 부질없는 고정관념에 불과했다는 고백이 나올 수 있도록 최선을 다해야 합니다. 그런 고백이 나올 수 있다면 고난 중에 한 사람을 〈낚은(구원의 길로 인도한)〉 것으로 보아도 괜찮을 것입니다.

♣ 직장 생활하는 어떤 기독교인 여성이 잘 쓰는 방법을 하나 소개하겠습니다.

이 분은 술좌석에 부득이 따라 가야할 경우 술 좋아하시는 분들에게 먼저 술을 한 잔 따라드린다 합니다.

물론 "안주 킬러" 소리를 듣지 않도록 조심하면서,

"저는 술을 못 마시지만 그래도 선배님(선생님)께 한 잔 올리겠습니다. 부디 건강하십시오."

이렇게 애교 섞인 엄살(?)과 함께 말입니다(이 때, 술잔이 되돌아올 것을 염려하실 필요는 없습니다).

이렇게 먼저 섬기며(?) 나오는 후배에게 굳이 술잔을 되돌리며 얄밉게 여길 강심장 선배는 그리 많지 않다고 생각합니다. 혹 술잔이 끝내 되돌아올 분위기이거든 얼른 음료수병을 갖다 그 어른 손에 들려드리고 그것을 따라 주시도록 부탁하십시오. 그래도 여의치 않거든 그냥 그 잔을 받으십시오. 받으시고 눈치껏 안 마시면 되는 것입니다. 그 정도까지 하는데도 막무가내로 술을 마실 것을 요구하는 형편없는 인물이라면 한번 점잖게 싸워볼 만한 대상입니다. 설사 그런 일로 일시적으로 밉보였다 하더라도, 정말 결정적으로 사람이 필요한 상황에서는, 선배가 두려워서 자신의 양심과 신앙고백을 포기하고 아부하는 길을 택한 너덜너덜한 사람보다는, 좀 얄미웠지만 하늘같은 선배 앞에서도 자기 양심과 신앙고백을 고수할 줄 알았던 소신 있는 사람을 결국은 택할 것이라고 믿고 있습니다. 그 선배(직장상사 혹은 교수)가 정말로 신실하고 유능한 인재를 자기 후배 동역자로 받아들이고자하는 최소한의 의식이 있다면 아마 그럴 것입니다. 그러니 술을 즐기는 윗분에게 잘 보이기 위해서는 술을 마셔야만 한다는 생각이 얼마나 엉터리인지요.

이것이 악에게 지지 않고 선으로 악을 이기는(롬 12:21) 슬기로운 방법일 것입니다.[29]

도움이 될 것 같아서 현재 총신대학교회를 섬기고 있는 김경열 목사님의 고백[30]을 하나 더 소개합니다.

"……저 역시 군대에 갔을 때, 자대에 배치된 후 첫 회식자리에서 갓 전입해온 이등병 주제에 하늘같은 병장들의 술을 거부했다가, 기절할 정도로 구타를 당했습니다. 그 날

---

29) (롬 12:21) 악에게 지지 말고 선으로 악을 이기라.

30) 이 글은 이 글의 맨 앞에서 소개한 어느 레지던트 지망생을 격려하고 위로하기 위해 김 목사님께서 한국누가회 홈페이지에 올리신 글의 일부입니다. 김 목사님은 한국누가회 학원사역 간사로 일하신 적이 있습니다.

회식은 완전히 엉망이 되어버렸죠. 그러나 저는 다음 회식 때에도 버텼습니다. 또 처참한 꼴을 당했습니다. 그러나 결국은…… 그들이 항복하더군요. 비로소 저의 신앙을 인정해주었던 것입니다. 저는 지속적으로 고참들을 사랑했습니다. 그리고 열심히 내무 생활을 했습니다. 중대 가수로 인정되어 회식 때에 빠지지 않고, 아름다운 가요들을 불러주었습니다. 처음에 우리 중대에는 나 외에는 단 한사람도 교회에 다니는 사람이 없었는데, 점점 한 두명씩 저의 인도로 나오기 시작하더니, 나중에는 10-15명이 교회에 나오기 시작했습니다. 기가 막힌 것은 이들 중에 몇 명이 나중에 고백하길, '실은, 나는 군에 오기 전에 ○○교회 청년부 회장이었다.' '나는 △△교회 대학부 총무였다'고 한 것입니다. 그들이 우리 중대에 와서는 고참들의 무언의 압력으로 단 한 명도 무서워서 교회당에 나가지 못하다가, 제가 두들겨 맞으며 교회당에 나가는 것을 보고, 나중에 조금 분위기가 바뀌자 교회에 나오기 시작한 것입니다. 입대 전, 하나님께서 저에게 주신 말씀은 '복의 근원이 되라'였습니다. 그래서 전 어딜 가든지 복의 근원이 되는 사람이 되려고 애썼습니다.

형제님에게도 동일한 말씀을 드리고 싶군요. '복의 근원이 되십시오.' 형제님 때문에, 형제님이 계신 곳이 복을 받게 하십시오. 문제는 술이 아니라, 형제님이 그 계신 곳에서 꼭 필요한 사람이 되는 것일 겁니다. 현재의 싸움에서 기필코 승리하는 형제님이 되시도록 기도로 돕겠습니다. 꼭 승리하십시오……"

♣ 삶의 눈 높이를 한 단계만 낮추십시오. (입사) 동기생보다 한 2년쯤만 늦을 각오를 하십시오. 그러면 비굴하지 않고 당당할 수 있습니다. 눈 높이를 낮추면 낮출수록 힘이 생기는 것이 신앙인입니다. 죽기를 각오하면 더더욱 그렇겠지요(히 11:38 참조).[31] 제 아무리 무서운 일등병 선배(직장 상사)라도, 그 선배의 앞날도 우리 장군님(예수님)의 손에 달려 있다는 사실을 늘 기억하십시오. 물론 나의 앞날도 주님께서 섬세하게 챙겨주실 것을 믿어야 합니다.

♣ 신실한 선배 모델이 없다고 불평하지 말고, 후배들에게 술 안 먹고도 잘 견뎌내는 모델이 되십시오. 그러기 위해서는 당신은

---

31) (히 11:38) (이런 사람은 세상이 감당치 못하도다) 저희가 광야와 산중과 암혈과 토굴에 유리하였느니라.

희생당할지도 모릅니다. 그러나 그것이 우리 죄인을 살리기 위해 대신 십자가를 지고 죽으신 주님께서 취하신 삶의 방식이 아니던가요? 그런 모델들이 하나 둘 늘어갈 때, 우리 후배들은 선배들의 그 고난 덕분에 차츰 나은 환경에서, 〈선배들이 했던, 안 해도 좋은 부질없는 고민〉을 하지 않고 〈정말 의미 있는 고민〉을 하면서 공부할 수 있게 될 것입니다. 그런 점에서 지금 후배들이 술 문제로 고민하는 것은 전적으로 선배님들 책임이며, 장차 직장사회에 들어올 후배들에 대한 책임은 현재의 신입사원(저학년)들이 앞으로 져야 할 것입니다. 예수님의 죽음 없이 인류의 구원이 없었듯이, 희생하는 사람(세대)가 없이는 이 저급한 음주문화는 결코 뿌리뽑히지 않을 것입니다.

♣ 평생 '하급직원'으로 살아도 좋다는 고백을 주님 앞에서 "지금" 하시고 생활하십시오. 그래도 예수님보다는 엄청나게 잘 살 것이기 때문에……

♣ 기독인의 삶의 본질은 "섬김"과 "사랑"이라는 사실, 그런 점에서 주님의 모습(막 10:45)[32]을 보여주에 가장 좋은 기회를 부여받았다는 사실에 늘 감사하십시오. 그러므로 〈내게 필요한 곳〉을 찾아다니기보다

---

32) (막 10:45) 인자의 온 것은 섬김을 받으려 함이 아니라 도리어 섬기려 하고 자기 목숨을 많은 사람의 대속물로 주려 함이니라.

〈나를 필요로 하는 곳〉에 언제든 갈 준비를 하십시오.

♣ 각 직장(학교)별로, 신앙공동체(신우회)의 역량을 극대화하면서 동시에 보다 능동적으로 직장 내의 금주운동을 이번 기회에 대대적으로 일으켜 직장 선교운동의 한 축으로 삼을 것을 제안합니다. 왜냐하면 이 문제 하나가 해결되면 상당히 많은 골치 아픈 문제들이 덤으로 해결될 수 있기 때문입니다. 때로는 공격이 최선의 방어가 될 수도 있기 때문입니다.

♣♣ 이미 술을 공개적으로 입에 대셨거나, 술을 도무지 끊기 어려운 분들에게 : 그 동안에는 부득이 술을 마셨으나 이제부터는 그러지 않기를 바라는 분들은 주님께 속히 회개하시고 그 분의 도움을 구하십시오. 또한 도저히 술을 끊기 어려우신 분들은, 당분간(어디까지 나 '당분간만' 입니다) 주(土)님과 주(酒)를 겸하여 섬기(?)십시오. 행여라도 죄책감과 부담 때문에 교회당(선교단체)에 나오는 일을 포기하는 불상사는 없기를 바랍니다. 만일 그리되면 제가 이 글을 쓴 보람이 없어집니다. 술을 마시면서라도(담배를 피우면서라도) 꾸준히 교회당에 나와 예배하며 말씀을 들으며 찬송하며 기도하며 교제하며 진리와 은혜의 깊은 물에 잠기도록 하십시오. 우선은 주일날 하루만이라도 술(담배)을 참고 악착같이 예배에 참여해 보십시오. 어느

순간, 하나님의 은혜가 임하면, 그토록 어려웠던 술(담배) 문제가 나도 모르게 해결되어 있는 것을 느끼는 날이 반드시 올 것입니다. 그 날까지 교회당에 나오는 발걸음을 결코 쉬지 마십시오. 주님 이름으로 부탁드립니다.

10. Cassie Bernall 방식으로 : 죽는 사람이 나와야 한다!

1999년 4월 20일, 미국 콜로라도 덴버의 리틀톤(Littleton)에서, 에릭 해리스와 딜런 클리볼드라는 두 학생이 총기를 난사함으로써 13명의 학생과 교사가 사망하는 충격적인 사건이 벌어졌습니다. 이들은 히틀러의 생일을 맞이하여 그것을 기념하기 위해 이처럼 광기 어린 학살극을 자행했다고 합니다. 그런데 나중에 학살 현장에 있었던 학생들의 증언에 의해 참으로 놀라운 이야기가 전해졌습니다.

총기를 난사한 해리스와 클리볼드는 학생들을 캠퍼스의 한 곳에 모아놓고 한 사람 한 사람에게 총구를 갖다 대며 이런 질문을 했다 합니다.

"너는 하나님을 믿느냐?"

이 질문에, 대부분의 학생들은 심지어 교회에 다니고 있던 아이들까지도 "믿지 않는다"고 대답했다 합니다. 살아남기 위해서였지요. 그 대답이 나오면 그 두 아이들은 음흉한 미소를 지으며 생명을 살려주곤 했답니다. 그런데 이런 공포분위기 속에서도 캐시 버넬(Cassie Bernall) 양만은 총구 앞에서 담대하게 외쳤습니다.

"나는 하나님을 믿는다! 하나님은 지금도 살아 계셔! 그러니까 너희들도 역시 하나님의 길을 따라야만 해!(There is God. You need to follow along God's path.)"

그러자 범인들은 분노에 떨면서 "그럼 너는 네가 믿는 하나님 곁으로 가라"며 방아쇠를 당겨버렸습니다. 거룩한 순교자가 탄생하는 순간, 그것을 지켜본 많은 학생들은 엄청난 충격을 받게 되었습니다.

이 사건이 진정되면서 놀랍게도 이 학교에 놀라운 부흥의 물결이 일기 시작했습니다. 캐시 버넬의 순교 앞에서 자신들의 비겁이 한없이 부끄러웠던 많은 기독교인 학생들이 이 일을 계기로 새로운 신앙적 각성의 길로 들어선 것입니다. 많은 학생들이 자신도 캐시 버넬처럼 거룩한 순교자의 길을 걸을 것을 다짐하게 되었고, 그 거룩한 순교의 순간에 대한 이야기가 번져가면서 미국 전역에 거대한 부흥의 물결이 일어나게 되었습니다. 많은 청소년들이, "우리도 캐시 버넬의 뒤를 따르자"며 국기게양대 앞에서 부흥회를 열었는데, 그 부흥회에 얼마나 많은 사람들이 모였던지, 인산인해를 이루었다 합니다. 이제는 아예 "국기게양대 앞에서 만나자"는 말이 그들의 인사말이 되었답니다. 캐시 버넬의 부모들도,

"내 딸은 복음을 위해 하나님께 드려졌다.
캐시는 이것을 위해서 태어났다(Cassie was born for this)"

고 의연히 외쳤고, 그 고백 또한 그 부흥의 불길을 더 뜨겁게 타오르게 만들었습니다. 그 부모에 그 딸이지요.

사랑하고 존경하는 동역자 여러분, 직장상사(선배)가 강요하는 술 한 잔이, 그리고 하늘같은 선배님의 존재가 철부지 십대가 겨누는 싸늘한 총구보다 더 무섭지는 않을 것입니다. 부도덕한 음주문화로 상징되는

〈직장사회의 구원을 위해 태어난 그리스도인들〉 몇 사람이 이 일을 위해 기꺼이 죽어 직장사회의 캐시 버넬이 될 때, 비로소 여러분의 직장에 참된 부흥의 물결이 일어날 수 있을 것입니다. 예수님처럼, 캐시 버넬처럼, 신앙인은 삶의 가장 중요한 순간에 "죽음"으로 말한다는 사실(히 11:32-40 참조)을 우리 모두 마음 깊이 새겼으면 합니다. 우리 모두가, 이 부패한 의료계를 건지기 위해, 살기를 힘쓰지 않고 죽기를 힘쓰는 작은 예수, 직장(학교)의 캐시 버넬들이 되기를 바랍니다.

"예수님도 한 잔 하시지요!"

서론에서, 죄악세상의 어두움에 '술'이 끼어 들지 않는 영역이 거의 없기 때문에, 술 문제는, 단순히 〈알코올 성분이 구강으로 들어가서 몸 안의 효소와 상호 작용하는 생리학적 현상〉에 관한 것이 아니라, 신앙인들의 〈치열한 영적 전투의 현장에서 매우 심각한 상징성을 띤 문제〉라는 것과, 〈신앙고백의 본질에 영향을 미치는 매우 중요한 문제〉라는 것을 말씀 드렸습니다. 따라서, 이 문제에 올바로 대처하지 못할 경우, 성숙한 그리스도인으로서 열매 맺는 삶을 살기는 대단히 어려울 것이라는 것도 말씀드렸습니다. 더더군다나, 신앙 공동체 운동을 통하여 직장사회(학교)에 예수님의 주권을 드러내고자하는 원대한 꿈(vision)을 품은 그리스도인들이, "음주"문제와 같은 (어찌 보면 사소한) 문제에 발목이 잡혀 늘 전전긍긍하는 상태로는 하나님께서 우리들 앞에 주신 그 거룩한 꿈을 제대로 성취시키기는 솔직히 어려울 것이라는 점도 분명히 말씀 드렸습니다.

사랑하고 존경하는 동역자 여러분, 그러므로 말을 꺼내기도 창피한 '술 고민'은 이제 그만 끝냅시다. 이런 조잡한 고민 말고도 우리가 정말 가슴을 치며 고민할 문제가 산더미처럼 쌓여 있기 때문입니다.

한 마디로 제 주장은 이렇습니다. 술을 마셔도 된다는 논리가 분명하다면(그런 경우는 거의 없겠지만) 고민하지 말고 당당하게 술을 마시고, 마셔서는 안 된다는 생각이 있거나 마시는 것이 왠지 찜찜하다면, 기꺼이 술을 마시지 않되 이 문제로 더 이상 고민하지는 말자는 것입니다. 이 따위 문제로 논쟁하고 고민하면 할수록 기독교인인 우리들이 너무 비참해지기 때문입니다. 고린도전서 10:31-33 말씀처럼, 나의 음주행위가,

① "하나님께 영광을 돌릴 수 있다"는 확신이 있고,
② 안 믿는 사람들(전도대상자들)에게 걸림돌이 되지 않으며,
③ "술꾼들을 구원하는 길"이라는 확신이 또한 있다면,

(말이 그렇다는 것이지, 솔직히 이런 경우는 결코 없을 것입니다) 사람 눈치 보지 말고 자신 있게 술을 마시십시오. 만에 하나라도 그런 확신이 없고, 또 술 마시는 것이 조금이라도 찜찜하다면, 사람 앞에 잘 보이기 위해, 치사하게 혼자만 출세하고 혼자만 살아남기 위해, 우습지도 않은 궤변으로 자신을 합리화하며 술을 마셔서는 안됩니다.

사랑하는 애주가 그리스도인(?) 여러분, 지금 예수님께서 당신의

술판에 와 계신다고 합시다. 그 분께 "예수님도 한 잔 하시죠!"라고 술을 권할 용기가 있다면 얼마든 술을 마시십시오. 그런 분은 정말 술을 마실 만한 자격이 있는 사람이라고 저는 생각합니다.

마지막으로 사족(蛇足) 하나 더. 선배의 비위를 맞추기 위해 마시기 싫은 술을 눈치 봐가며 슬금슬금 마시는 사람들은, 어쩌면 예수님 앞에서는 누구보다도 먼저 "〈절대〉 술을 마셔서는 안 된다"고 입에 거품을 물고 열변을 토할 것입니다. 상황에 잘 적응하고 기회를 잡는 데에 워낙이 남다른 재능이 있는 사람들이기 때문에……

그리스도인이십니까?
그렇다면, '어떤 상황에서도' 술을 마시지 마십시오!

기독교인이 술을 마시지 않는 것은, 영적인 전투의 〈기본기〉에 해당합니다. '기본기'도 제대로 닦이지 않은 사람들이 아무리 빛나는 전술(예컨대, 'QT'나 '사경회'나 '경배와 찬양'이나 '기도훈련'이나 '전도훈련'이나 '수련회'나 각종 교육프로그램에 참가하여 훈련받는 일)을 연마한다해도 결정적인 순간에는 '골 결정력'이 떨어져 별 힘을 못쓰게 되는 것입니다. 사랑하는 동역자 여러분, 술을 마시지 않으면 안될 어쩔 수 없는 상황일수록, 술을 마셔서는 안될 이유가 더더욱 많은 상황일 수도 있다는 사실을 분명히 기억합시다. 이미 누누이 말씀 드렸듯이, 기독교인에게 있어서 음주문제는 단순히 알코올을 섭취하는 식생활문화의 일부가 결코 아닙니다. 다시 말씀드리거니와, '술'은, '그저 알코올성분이 포함된 액체의 일종'이 아니고, 이 세상의 전반적인 어두움에 직·간접으로 연결되어 있는 어둠의 권세의 가시적 상징물이므로, 이에 대한 기독교인 공동체의 보다 총체적이고 신앙 고백적인 답변이 늘 요구되는 것입니다. 간단히 말하자면 별 것 아닌 것 같아 보이는 술 문제를 양보(타협)하고 나면, 기독교인들이 별로 할 일이 없어질 것이므로, 무슨 일을 하고자 우리가 더 이상 모이려 애쓸 필요가 애당초 없다고 생각합니다.

　사소해 보이지만 정말 거대한 이 음주문제는, 성숙한 신앙공동체의 결집된 역량을 통해서만 해결될 수 있다고 저는 믿습니다. '술판에 참여할까 말까' 하는 좀스런 생각으로 전전긍긍하며 아까운 세월 허송하지 말고, 내친 김에 보다 적극적으로 이번 기회에 직장(학교) 안에서 〈금주운동〉을 한번 일으킵시다. 이 거룩한 일을 위해 우리가 먼저 술을 입에 대지 맙시다. 이 추악한 술 문화의 골리앗을 우리가 거꾸러뜨립시다. 그래서 우리 주님을 기쁘시게 합시다! 한국초대교회의 우리 선배님들이 가졌던, 그 눈부신 〈전투력〉을 계승·배가시킴으로써, 이 시대의 어두운 (음주)문화를 거룩한 모양으로 개혁해 나갑시다. 죽기를 각오하고 신앙을 고백하면, 우리는 주님의 이름으로 이 〈의미 있는〉 일을 능히 할 수 있을 것입니다.

결론적으로, 술은, 지금껏 말씀드린 바와 같이,

① (한국)기독교 역사적 전통

② 일반상식적 기준

③ 의학상식적 기준

④ 성경적 기준

⑤ 하나님의 부르심의 본질

⑥ 복음전도적 책임

등의 견지에서 기독교인이 결단코 마셔서는 안 되는 것입니다. 다음 성경구절들을 다시 한번 더 살펴보십시오.

포도주를 마시기에 용감하며 독주를 빚기에 유력한 그들은 화 있을진저. 그들은 뇌물로 인하여 악인을 의롭다하고 의인에게서 그 의를 빼앗는도다.(이사야 5:22-23)

너희가 어찌하여 양식 아닌 것을 위하여 은을 달아주며, 배부르게 못할 것을 위하여 수고하느냐? 나를 청종하라. 그리하면 너희가 좋은 것을 먹을 것이며 너희 마음이 기름진 것으로 즐거움을 얻으리라. (이사야 55:2)

오직 너희는 택하신 족속이요, 왕같은 제사장들이요, 거룩한 나라요, 그의 소유된 백성이니, 이는 너희를 어두운 데서 불러내어 그의 기이한 빛에 들어가게 하신 자의 아름다운 덕을 선전하게 하려 하심이라. 너희가 전에는 백성이 아니더니 이제는 하나님의 백성이요, 전에는 긍휼을 얻지 못하였더니 이제는 긍휼을 얻은 자니라.(베드로전서 2:9-10)

그런즉 너희가 먹든지 마시든지 무엇을 하든지 다 하나님의 영광을 위하여 하라. 유대인에게나 헬라인에게나 하나님의 교회에나 거치는 자가 되지 말고 나와 같이 모든 일에 모든 사람을 기쁘게 하여 나의 유익을 구치 아니하고 많은 사람의 유익을 구하여 저희로 구원을 얻게 하라(고린도전서 10:31-33)

이같이 너희가 형제에게 죄를 지어 그 약한 양심을 상하게 하는 것이 곧 그리스도에게 죄를 짓는 것이니라. 그러므로 만일 식물이 내 형제로 실족케 하면 나는 영원히 고기를 먹지 아니하여 내 형제를 실족치 않게 하리라.(고린도전서 8:12-13, 사도 바울 선배님의 고백)

보라. 이제 나는 심령에 매임을 받아 예루살렘으로 가는데 저기서 무슨 일을 만날는지 알지 못하노라. 오직 성령이 각 성에서 내게 증거하여 결박과 환란이 나를 기다린다 하시나, 나의 달려갈 길과 주 예수께 받은 사명 곧 하나님의 은혜의 복음 증거하는 일을 마치려 함에는 〈나의 생명〉을 조금도 귀한 것으로 여기지 아니하노라. (사도행전 20:22-24, 사도 바울 선배님의 고백)

재앙이 뉘게 있느뇨? 근심이 뉘게 있느뇨? 분쟁이 뉘게 있느뇨? 원망이 뉘게 있느뇨? 까닭 없는 창상이 뉘게 있느뇨? 붉은 눈이 뉘게 있느뇨? 술에 잠긴 자에게 있고 혼합한 술(폭탄주?)을 구하러 다니는 자에게 있느니라. 포도주는 붉고 잔에서 번쩍이며 순하게 내려가나니, 너는 그것을 보지도 말지어다. 이것이 마침내 뱀같이 물 것이요, 독사같이 쏠 것이며, 또 네 눈에는 괴이한 것이 보일 것이요, 네 마음은 망령된 것을 발할 것이며, 너는 바다 가운데 누운 자 같을 것이요, 돛대 위에 누운 자 같을 것이며, 네가 스스로 말하기를 사람이 나를 때려도 나는 아프지 아니하고, 나를 상하게 하여도 내게 감각이 없도다. 내가 언제나 깰까, 다시 술을 찾겠다 하리라.(잠언 23:29-35)

이제 술은 그만 마셔야겠다고요? 왜곡된 술 문화를 바로 잡아야겠다고요? 잘 생각하셨습니다.

자 이제,

우리 모두 건배합시다! 예수님과 복음의 영광을 위한 우리의 싸움, 영광스러운 승리의 그 날을 위하여, 큰잔으로 시워-ㄴ한 '냉수' 한 잔씩 다 함께,

"원 샷!"

아 참! 얼떨결에 깜빡했습니다, 그 동안 술과 친했던 나이롱
기독교인들 때문에 속 많이 태우신

"우리 예수님도 한 잔 하셔야지요!"

그런데,
주님은 어떤 음료를 좋아하시나요?
'화채'?
'수정과'?
아니면, '식혜'는 또 어떠세요?

덧붙여서 :

기독교인들이 '술'을 마시지 않으면서도 얼마든지 세속적인 삶을 살 수 있습니다. 그러나, '술'을 함부로 마시는 기독교인들이, 복음전도적인 성숙한 삶을 살 수는 결코 없을 것입니다.

soli Deo gloria !

전주열린문교회 이 광 우 목사 연락처

☎ 063-244-9125, 016-654-9125

E-mail : sdglkw@unitel.co.kr

전주열린문교회 홈페이지 http://www.jopendoor.or.kr